ANTONIO CARLOS LIMA

LITERATURA DE CORDEL E RELIGIOSIDADE POPULAR

MACEIÓ - 2019

DEDICATÓRIA

Aos meus pais (seu Dema e dona Lourdes), meus filhos e aos poetas de todos os tempos e todas as terras.

INTRODUÇÃO

"Cordel quer dizer barbante/ Ou senão mesmo cordão/ Mas cordel Literatura/ É a real expressão/ Como fonte de cultura/ Ou melhor: poesia pura/ Dos poetas do sertão". Rodolfo Coelho Cavalcante.

No ano de 1999, comemoram-se por todo o país os 100 anos de Literatura de Cordel, contando-se o tempo a partir da impressão dos primeiros folhetos, numa tipografia do Recife pelo poeta e editor paraibano Leandro Gomes de Barros, em fins do século XIX.

Sabemos que, antes de ser fixada no papel, essa poesia sempre esteve presente na vida de nosso povo – cantando justamente as vicissitudes de seu viver, como atestam as poesias colhidas pela tradição, referentes ao chamado "ciclo do boi" a partir da tradição oral. Desde as cantorias e repentes de nossos violeiros, até os folhetos impressos, o cordel vem evoluindo e se firmando como literatura de reconhecida identidade. Sua multiplicidade temática, aliada à função social, tem feito dessa poesia de folhetos um mapa para os corações e mentes de um povo e de um lugar, daí sua permanência; culminando pelo reconhecimento do Conselho Consultivo do Instituto do Patrimônio Histórico e Artístico Nacional (IPHAN) em 19 de setembro de 2018, que reconheceu a Literatura de Cordel como Patrimônio Cultural e Imaterial Brasileiro.

Nosso objetivo nesse trabalho é investigar a permanência de um ciclo temático – o místico-religioso – em níveis de construção textual na Literatura de Cordel, e, para tal empreitada, partimos da hipótese de que a permanência de níveis de construção textual, no Cordel, correspondentemente à permanência da temática religiosa e mística, enquanto fenômeno sempre presente na poesia de cordel pode ser explicado pela sua pertinência a um tipo de literatura chamada de "popular", em que os temas – bastante recorrentes – mantêm uma forte dependência do contexto do qual participam, quando não chegam a ser fruto de uma real imposição, o que reflete a supremacia do contexto – e, consequentemente, dos temas – sobre a construção poética.

Devido à multiplicidade dos temas que figuram nas poesias de Cordel, convencionou-se, já nas primeiras pesquisas, agrupá-las por assuntos, o que deu origem às classificações temáticas que conhecemos hoje (ver adiante capítulo um). Podemos afirmar, sem medo de errar, que todo universo psicossocial do povo nordestino serviu – e ainda serve – de mote para a construção poética do nosso Cordel: economia, política, ética, religião, afetividade, sexualidade, agressividade, heroísmo, misticismo, etc. Em nossa abordagem da Literatura de Cordel, escolhemos um ciclo-temático de grande importância para o estudo da cultura popular e um dos mais profícuos, em termos de produção de folhetos, que é o que denominei de ciclo místico-religioso, pois abrangem aqueles elementos referentes às crenças, valores, fé e superstições. Envolvendo também processos de santificação e deificação de personagens históricos, perpassa os fatores que dizem respeito ao sagrado – hierofanias, teofanias e cratofanias – e ao profano – festas, excessos e desmedidas; resvala em aspectos de natureza política e econômica e aproxima-se da intersubjetividade e intrasubjetividade, do inconsciente pessoal e coletivo. Se comparado às classificações temáticas "históricas", podemos dizer que esse ciclo místico-religioso que aqui proponho, abrange o ciclo do "maravilhoso" e o "religioso e moral" de Orígenes Lessa e Ariano Suassuna, mais o "tradicional" de Sebastião Nunes Batista e o ciclo "religião e ética" de Manuel Cavalcanti Proença.

Iniciamos nossa caminhada examinando o Cordel a partir de uma leitura histórica: as teorias sobre a sua origem, se europeia ou brasileira; a caracterização do Poeta de Cordel (cordelista) como contador-cantador das histórias de seu povo e de seu lugar, pois cordel é poesia narrativa com ritmos próprios que denunciam sua origem na oralidade; percorremos as principais classificações temáticas, de Orígenes Lessa, Ariano Suassuna, Manuel Cavalcanti Proença e Sebastião Nunes Batista; e discorremos sobre a produção e a apresentação gráfica do livreto do Cordel, para que o leitor possa ficar familiarizado com a linguagem da Literatura de Cordel, facilitando, assim, sua compreensão quando da análise do "corpus poético" (capítulo dois).

No universo místico e religioso do Cordel alguns personagens merecem destaque especial, pois são ao mesmo tempo pontos de convergência da devoção popular e objetos privilegiados da construção poética dos cantadores e poetas nordestinos. Referimo-nos a Antonio Conselheiro, ao Padre Cícero e ao Frei Damião, uma vez que, para muitos autores, cada um deles poderia constituir por si mesmo um ciclo temático à parte, dada à quantidade de obras publicadas sobre suas vidas. No exame desta temática, destacaremos particularmente as poesias que tratam da exaltação do Cristianismo, em sua versão Católica Romana que utilizam, como condutores mestres da mensagem dogmática, os principais pregadores do Sertão nordestino indicados acima.

Outras manifestações na escritura do Cordel desse ciclo temático são as poesias que têm como mote principal as peripécias do diabo e seus encontros e pactos com pessoas comuns e com cangaceiros famosos; as narrativas sobre a vida de Jesus Cristo e dos santos (as) do Catolicismo; as biografias dos Papas, principalmente os três mais recentes; as profecias escatológicas; o embate com outros credos religiosos – Protestantismo, Judaísmo, Religiões Afro-brasileiras e o Espiritismo kardecista – e dos castigos decorrentes da desobediência aos dogmas.

Como nosso interesse recai sobre uma classificação temática bem específica da Literatura de Cordel, que é o ciclo místico-religioso, não nos preocupamos com a produção dos textos em termos temporais, situados historicamente e nem procuramos destacar apenas a obra dos poetas mais destacados nesse universo; o que não representa nenhum obstáculo e nem limita a abrangência de nosso trabalho, pois, todos os grandes poetas escreveram sobre essa temática do início em 1899 (e até antes) até os dias de hoje.

CAPÍTULO 1

LITERATURA DE CORDEL: CARACTERIZAÇÃO.

> "Cordel não é aquele que está/ Dependurado num cordão/ É aquele que foi feito/ Com as cordas do coração".
> Manoel Caboclo.

As origens da Literatura de Cordel brasileira ainda hoje permanecem sujeitas a controvérsias que geraram, ao longo do tempo, debates calorosos a respeito de sua descendência europeia ou de seu surgimento no Nordeste do Brasil. É certo que a Literatura de Cordel possui raízes na literatura oral e, sendo uma poesia narrativa, encontramos práticas similares na antiga Grécia, Ásia, África e na Europa. O fato de que as primeiras histórias do cordel brasileiro tenham sido adaptações dos romances de cavalaria da Europa medieval também reforça a tese da origem ultramarina: em Portugal, Espanha, França, Inglaterra, Holanda e Alemanha já existiam folhetos, em prosa e poesia, vendidos nas feiras, a preços baixos, narrando histórias tradicionais como: "Carlos Magno e os doze pares de França", "Princesa Magalona", "Imperatriz Porcina", "Donzela Teodora", "Roberto do Diabo", além de fatos históricos e até poesia erudita – como Góngora e Gil Vicente – eram transcritos para os livretos e declamados pelos menestréis e jograis. Toda essa literatura volante europeia certamente chegou ao continente americano. No México, por exemplo, encontramos um tipo de desafio verbal semelhante ao dos repentistas nordestinos, chamado de "contrapunteo", além do "corrido" – folheto semelhante ao nosso cordel, narrando histórias tradicionais em verso ou prosa – que também se manifesta na Nicarágua, no Peru, no Chile e na Argentina. Tomemos como exemplo este corrido da época da revolução mexicana intitulado "El fusilamiento del general Felipe Ángeles", citado por Luyten (2005):

Em mil novecientos veinte
señores, tengan presente,
fusilaron em Chihuahua
um general muy valiente.
Em la estacion de la Aurora
el valiente general,
com veinte hombres que traía,
se lês paraba formal.
Alli perdió diez dragones
de los veinte que traía
y com el resto se fué
por toda la serrania.

O termo "literatura de cordel" – herança lusitana – é derivado da forma de exposição dos folhetos, pendurados em barbantes, nas feiras, praças e ruas de Portugal. No entanto, também receberam outras denominações, como "folhas soltas", "folhas volantes" e "literatura de cegos", já que a comercialização foi feita durante muito tempo pela Irmandade do Menino Jesus dos Cegos de Lisboa que, em 1789, obteve os direitos exclusivos de comercialização. Na Espanha, os folhetos eram conhecidos como "pliegos sueltos" ou simplesmente "hojas" e chegaram a ser proibidos pelo rei

Carlos III, devido ao plágio das obras eruditas e ao seu humor obsceno. Na França era "littérature de colportage", ou literatura volante, dividida em "occasionnels" para o público rural e "canard" para o urbano. Na Inglaterra os folhetos também eram divididos em duas categorias, os "cocks" ou "catchpennies" para os romances, e os "broadsides (lado largo)" para os fatos históricos. Na Holanda e na Alemanha, os folhetos datam do século XV e XVI, contando inclusive com um tipo de apresentação semelhante ao cordel brasileiro, xilogravura temática na capa e formato tipográfico similar e, fato curioso, é nesses dois países que aparecem os primeiros livretos de cordel que falam sobre o Brasil, como o que traz a história das aventuras de Hans Staden em terras brasileiras.

A pesquisadora americana Candace Slater (1984) observa que as versões orais e escritas dos folhetos portugueses influenciaram o cordel nordestino, mas salienta uma peculiaridade de nosso cordel: "com exceção de pequeno número de preces em prosa", ele é exclusivamente poético. Outro aspecto que também aproxima o nosso cordel de seus congêneres europeus é a derivação da literatura oral com sua forma característica de divulgação: trovadores, menestréis e jograis levavam às massas populares, nas feiras e festividades, uma versão cantada da literatura erudita, consumida pela "corte" e pelo clero. No Nordeste, muito antes da existência dos livretos de cordel, nossos "repentistas" e "cantadores" faziam a alegria das feiras e festas com os desafios verbais – pelejas – e histórias de amor e heroísmo para o deleite do povo analfabeto e semialfabetizado do sertão e agreste nordestino.

Poderia essa similaridade, existente entre a produção europeia e o cordel nordestino, dar conta da questão das origens de nossa poesia popular? Ou haveria alguma particularidade que pudesse justificar a origem de nosso cordel, a partir de uma fonte essencialmente nacional? Para Diegues Júnior (1977), as folhas volantes portuguesas foram trasladadas para o Brasil nas naus colonizadoras, fixando-se no Nordeste do Brasil, mas faz uma ressalva: ao chegar a nossa terra sofreram um processo de transculturação e foram "abrasileiradas". A maioria dos estudiosos da poesia popular nordestina concorda com a origem lusitana e a transculturação, entre eles está o pesquisador da Fundação Casa de Rui Barbosa, Manoel Cavalcante Proença.

Se considerarmos a Literatura de Cordel herdeira privilegiada da literatura oral, teremos de concordar com a influência europeia ao lado da dos outros povos que constituíram nossa brasilidade – o indígena e o africano. Câmara Cascudo já aponta para esse fato (miscigenação e transculturação), ao afirmar que a composição da literatura oral brasileira é fruto de elementos trazidos pelas três raças, sendo a influência portuguesa, por motivos óbvios, mais forte que as demais. Temos que destacar a realidade de que o Cordel brasileiro é um fato novo, é poesia narrativa singular do povo do Agreste e Sertão nordestino, herança dos repentistas, pois o cordel tem um ritmo, é poesia que se canta, e esse canto revela um lugar – o Nordeste – com uma fidelidade espantosa, revela um povo – com seu saber e crenças, desenhando um cenário psicológico e sociocultural dos mais profundos – e trata de temas genuinamente nacionais. Mesmo quando realiza adaptações das histórias tradicionais, como os "romances de cavalaria", há um abrasileiramento das personagens e dos reinos, levando o poeta a imaginar cangaceiros no reino da Normandia e "paço municipal" no reino encantado "euro-sertanejo" da obra "Branca de Neve e o Soldado Jogador", como vemos nos versos abaixo:

> Havia um portão de mármore
> Numa praça principal
> Do portão estava se vendo
> Um paço municipal
> Tinha escrito numa placa
> Gabinete Imperial.

Já indicamos acima que a Literatura de Cordel é descendente direta da literatura oral e pertencente à categoria das chamadas "manifestações da cultura popular", tendo, portanto, suas raízes na produção cultural de grupos sociais oriundos do proletariado rural do Agreste e Sertão do Nordeste do Brasil. Durante muito tempo, tais produções foram consideradas como artigos de segunda categoria por se manterem distantes das produções eruditas e acadêmicas, e também pelo fato de seus autores quase não possuírem escolaridade – a maioria desses poetas era analfabeta ou semialfabetizada. Dessa forma, os primeiros estudiosos brasileiros da cultura popular – como Celso de Magalhães (1873), José de Alencar (1874) e Sílvio Romero (1888) – fizeram uma análise cuja preocupação principal era folclorista, "registrar tudo antes que acabasse" e, com exceção de Alencar – que afirmava que tais criações populares teriam mais riqueza do que se presumia – os demais pesquisadores entendiam a poesia popular como uma degeneração ou deturpação da poesia erudita, ressaltando que tal deturpação possuía um aspecto positivo para a constituição de uma identidade nacional como afirmava Romero. Apesar da pressa dos primeiros pesquisadores da cultura popular em recolher e catalogar o maior número possível de obras antes de seu desaparecimento, a Literatura de Cordel sobreviveu a todas as previsões de sua possível extinção, provando mais uma vez sua força aglutinadora psicossocial, narrativa que se impõe para além dos fatos jornalísticos, dos romances e pelejas, pois a cultura popular, como assinala Zenir Reis (1995), "é uma cultura que tem passado e terá futuro, enquanto persistirem as condições que lhe deram origem", e acrescenta que a vitalidade da cultura popular "reside na defesa intransigente do princípio de igualdade entre os viventes, na sua vocação ecumênica e ecológica".

Quem é o poeta de cordel? De forma geral podemos afirmar que os primeiros poetas, os da chamada "fase áurea" da Literatura de Cordel, que perpassa o final do século XIX e vai até o final da década de 1970 do século XX, é um legítimo representante dos grupos subalternos da sociedade Agrestina e Sertaneja, marcado pela idiossincrasia do interior nordestino, pelo tradicionalismo, conservadorismo e religiosidade típicos de uma região; mesmo aqueles oriundos da pequena burguesia agrária e residindo em grandes centros urbanos, como Recife e Salvador expressam em seus versos tais características. Podemos tomar como exemplo o poeta paraibano Leandro Gomes de Barros, que, nascido na Fazenda Melancia em Pombal, termina seus dias no Recife do começo

do século XX sem deixar jamais de evocar sua origem, como na
poesia "Saudades de um sertanejo":

As tardes lá são tão belas
E chamam tanta atenção
Que embrandecem de momento
O mais duro coração
Não pode cantar no mundo
Quem nunca foi no sertão!

Como para a maioria dos poetas era praticamente impossível viver de sua poesia, eles geralmente exerciam outras atividades para garantir a subsistência. Mas, é na feira recitando seus versos ou de outros poetas que ele recebe o reconhecimento de seus pares, de pessoas que habitam seu universo e se identificam com sua narrativa, de lutas heroicas, de coronéis e cangaceiros, dos usos e costumes sertanejos, da seca, dos santos (as), demônios, de amor e ódio. Manoel Monteiro, poeta nascido na Serra Negra e criado no sítio Torrões, agreste de Pernambuco é um excelente exemplo do percurso tomado pela maioria dos poetas populares, cujo interesse pelo cordel e pela carreira de poeta foi semelhante a de tantos outros poetas espalhados pelo interior do Nordeste; em entrevista dada para esse autor ele afirma que: "Quando jovem fui leitor de cordel para muitos analfabetos que reuniam a família para que eu lesse o folheto; após a audiência ele era cuidadosamente guardado pelo dono. Já vi folheto meu de quase cinquenta anos novinho, conservado, as pessoas tinham muito cuidado com os folhetos".

De tanto recitar poesia, Monteiro se aventura a compor as suas, até porque "escrever é melhor que trabalhar no roçado", diz ele. No começo "quis ser repentista, mas não deu certo: não possuo ouvido e a voz é fraca, além de não ser rápido para o repente", e assim nasceu um grande poeta de bancada, o arauto do "Novo Cordel", considerado pelos seus pares como um dos maiores poetas de nosso cordel. Para ele, uma de suas missões, enquanto poeta, era "acabar com a visão exótica do cordel como literatura menor – por não gozar do tipo de reconhecimento concedido a literatura erudita – ou livreto que ninguém lê". Lê sim, e "vende muito, além de ter uma grande importância para a educação em sala de aula". Na cidade que adotou como sua, Campina Grande, Monteiro desenvolveu projetos educacionais e de multimídia, sempre em defesa do legítimo e autêntico cordel, que corria o perigo de descaracterização – tanto em relação à sua linguagem quanto aos seus objetivos – virando artigo para turista.

Em se tratando de escolaridade, os poetas desse período possuíam apenas o curso primário, ou ensino fundamental como se chama hoje, e, segundo pesquisa de Slater (1984) boa parte nem chegou a concluir a quarta série primária e muitos eram analfabetos mesmo. As leituras desses poetas incluíam obrigatoriamente a Bíblia, o Lunário Perpétuo, histórias sobre a vida dos santos católicos, jornais, romances de cavalaria e clássicos da literatura; entretanto, a maior "leitura" talvez seja aquela oriunda das histórias ouvidas nos terreiros, mantenedora da tradição oral tão cara à Literatura de Cordel.

Como foi lembrado por Gilberto Freyre (1983), após o reconhecimento da qualidade dos poetas de Cordel nordestino em Universidades de renome fora do país, como a Sorbonne, Columbia e Sussex, nosso poeta popular semialfabetizado é doutor: mas no exterior. Pois os governantes brasileiros e a maioria dos estudiosos de literatura nunca levaram a sério as manifestações folclóricas e populares – até 1958, com a criação da Campanha Nacional para a Defesa do Folclore. Autoridades e eruditos da época preferiram importar uma maneira de vestir, falar, cantar, escrever e pensar que atesta uma identificação com o agressor, um desejo de ser como o colonizador – português, inglês, holandês, francês ou norte americano. O crítico e filólogo Antonio Houaiss, em entrevista concedida a Candace Slater, aponta essa característica tão brasileira de supervalorizar o que vem de fora do país e destaca a importância do cordel, "exatamente por mostrar que temos artistas nativos que escaparam a essa mania de destruir nossos próprios valores a fim de sair procurando outros novos em alguma outra parte". Não fosse o esforço dos pioneiros – Celso de Magalhães (1973), José de Alencar (1962), Sílvio Romero (1977), Câmara Cascudo (1939), Mário de Andrade (1963) e Leonardo Mota (1962) – muito material relevante para a compreensão da cultura brasileira e nordestina teria desaparecido, tanto que a Literatura de Cordel serviu de base para estudos em diversas áreas das ciências humanas: antropologia, crítica literária, sociologia, linguística e psicologia que buscaram no cordel uma fonte fidedigna para a compreensão do humano, em conexão com as respectivas áreas de interesse científico.

Vamos tratar agora das classificações temáticas, gêneros e estilos, tão ricos e variados em nossa poesia popular. Pela abrangência dos temas que figuram na poesia de cordel, várias classificações temáticas foram propostas, visando facilitar a abordagem, por parte de pesquisadores e curiosos ao universo do Cordel.

Orígenes Lessa criou uma classificação, dividindo a poesia popular em sete ciclos temáticos: 1. O heroico (obras épicas, cangaço), 2. O histórico (grandes nomes da história do Brasil, a seca e os retirantes), 3. O maravilhoso (seres fantásticos, acontecimentos mágicos), 4. O religioso e moral (histórias bíblicas, de santos e milagres; usos e costumes), 5. O de amor e fidelidade (historias românticas com final feliz), 6. O cômico e satírico (sátira política, caricaturas de tipos), e 7. O circunstancial (acontecimentos recentes, fatos políticos). Já a classificação proposta por Ariano Suassuna leva em consideração a forma de apresentação do folheto (romances, pelejas, canções, abecês) e os ciclos – heroico, maravilhoso, religioso, picaresco, circunstancial, histórico e de amor – dentro de dois grupos de poesia: a tradicional e a de "acontecido", podendo ser poesia improvisada ou de composição.

Uma das mais completas classificações temáticas foi apresentada por Proença (1986), sendo dez os temas por ele classificados: 1. Herói Humano (herói singular, herói casal, reportagem e política), 2. Herói Animal, 3. Herói Sobrenatural, 4. Herói Metamorfoseado, 5. Natureza (regiões e fenômenos), 6. Religião, 7. Ética (sátira social e econômica, exaltação e moralidade), 8. Pelejas, 9. Ciclos (Carlos Magno, Antonio Silvino, Pe. Cícero, Getúlio Vargas, Lampião, valentes, anti-heróis, Boi e Cavalo) e 10. Miscelânea (lírica, guerra e crônica).

Slater (1984) considera as classificações por esquema temático falhas, na medida em que dependem da subjetividade de quem as propõe. Apoiado nisso, ela apresenta um tipo de classificação baseada numa abordagem estrutural, centrada em seis passos – presentes na maioria dos folhetos de cordel: 1. Pacto, 2. Prova, 3. Reação, 4. Contra resposta, 5. Julgamento e 6. Reafirmação do pacto – e num pacto recíproco entre dois participantes. Tal classificação oferece mais desvantagens que a classificação tradicional, já que nem todo cordel pode ser incluído no modelo dos seis passos, o que não ocorre com a abordagem temática, que permite a inclusão de um cordel em mais de uma categoria.

Outros pesquisadores se aventuraram nesse espinhoso caminho da classificação temática, omitiremos suas propostas, não por uma questão de importância, mas para não prolongar uma discussão em terreno tão movediço. Fica, portanto, o registro de nomes como: Leonardo Mota (1962), Câmara Cascudo (1984), Manuel Diégues Jr. (1977), Alceu Maynard, Roberto Benjamim (1980), Carlos Alberto Azevedo, Hernâni Donato, Raymond Cantel, Liedo Maranhão de Souza, Eduardo Diatahy de Menezes (2000) e Joseph Luyten (2005), os dois últimos advertem para o perigo das classificações temáticas devido à fluidez e ao tamanho da produção da poesia de cordel brasileira.

Apesar das dificuldades, acreditamos que as classificações temáticas oferecem uma grande praticidade para o pesquisador sem o perigo de se diluir a identidade autoral por conta da atenção dada aos temas. Desse modo, propus uma classificação temática baseada em cinco ciclos que podem surgir em qualquer formato da escritura poética (romances, pelejas, abecês ou cantoria): 1. Heroico: engloba todo tipo de herói, seja humano, animal, casal apaixonado etc.;

2. Místico-religioso: envolve tudo que se relaciona ao sobrenatural, à fé, crenças e devoções; 3. Histórico-jornalístico: abrange todo fato histórico passado ou presente, "causos" e "acontecidos"; 4. Humorístico: marcado, sobretudo pela comicidade, que tem como principal objetivo provocar o riso; 5. Ético exemplar: procuram passar ensinamentos, ou criticar usos e costumes transmitindo ao público leitor-ouvinte valores morais.

A versatilidade da Literatura de Cordel aparece também na diversidade de estilos e gêneros poéticos, se contarmos com aqueles que caíram em desuso encontraremos trinta e seis modalidades de estilos de versos, que começando com a "Quadra", estilo preferido pelos cantadores, passando pela consagrada e sempre presente "Sextilha" e desaguando nas "Décimas", não muito usada hoje em dia. Mas, vejamos cada uma dos principais estilos e gêneros de nossa Literatura de Cordel.

A sextilha se impôs como espécie preferida pelos autores de cordel e sua origem provém da Oitava de Ariosto, tendo sido introduzida em Portugal no século XVI. Trata-se de uma estrofe – chamada de verso pelos poetas e cantadores, e o verso era chamado de linha ou pé – com rimas deslocadas – rimam-se as linhas pares entre si – de seis versos de sete sílabas, como podemos apreciar na obra criada por Leandro Gomes de Barros, intitulada "Peleja entre Manoel Riachão e o Diabo":

> Eu necessito saber
> Onde é seu natural,
> Porque não sei se o senhor
> Tem nascimento legal

De qual nação é que vem,

Se procede bem ou mal.

A espécie conhecida por Sete Pés foi uma adaptação feita à sextilha pelo cantador alagoano Manoel Leopoldino de Mendonça, em que os versos pares rimam até o quarto, o quinto rima com o sexto, e o sétimo com o segundo e o quarto, como se pode ver nessa bela estrofe da peleja entre o já idoso José Duda do Zumbi e o jovem José Miguel:

Fui moço, hoje estou velho!

Pois o tempo tudo muda!

Já fui um dos cantadores

Chamado Deus nos acuda...

Este que estão vendo aqui

Foi Zé Duda do Zumbi!

Hoje Zumbi do Zé Duda

Uma variante dos Sete Pés é a forma mais utilizada de Moirão nos dias de hoje, na qual os cantadores se revezam na mesma estrofe de sete linhas, "cabendo ao iniciante, a formação de cinco versos, isto é, os dois primeiros e os três finais, enquanto a cargo do segundo cantador ficam os versos de ordem três e quatro". É o Moirão de Sete Pés, como nesse duelo verbal, entre os cantadores pernambucanos Agostinho Lopes dos Santos e José Bernardino de Oliveira:

ALS. Não vá você achar ruim

Este Mourão a doer!

JBO. Eu acredito, Agostinho

Naquilo que posso ver!

ALS. Companheiro, não se gabe

Que a pessoa que não sabe,

Agrava a Deus sem querer

Por ser muito utilizada nas cantorias, em que se pede que o cantador improvise sobre uma sentença de um ou dois versos (mote), a Décima – composição de dez versos setessilábicos – também caiu nas graças do poeta de cordel. "A Batalha de Oliveiros com Ferrabraz", de Leandro Gomes de Barros, é um bom exemplo desse tipo de construção:

O turco disse: Cristão

Serás um dos cavaleiros?

Serás tu o Oliveiros

Que de Borgonha ou Roldão?

O almirante Balão

Deseja um desses pegar

Para manda-lo queimar

A eles e ao teu senhor

Esse teu imperador

De quem hei de me vingar.

Uma variante da Décima, criada pelo violeiro paraibano Silvino Pirauá Lima, é o Martelo Agalopado (estrofe de dez versos em decassílabos), adaptação nordestina do Martelo Cruzado, cujo nome deriva de seu criador, o professor de literatura da Universidade de Bolonha, Jaime de Martelo, no século XVII. Vejamos essa estrofe do poeta Lira Flores, citado por Suassuna:

Quando as tripas da terra mal se agitam,

E os metais derretidos se confundem,

> E os escuros diamantes que se fundem,
>
> Da cratera ao ar se precipitam.
>
> As vulcânicas ondas que vomitam
>
> Grossas bagas de ferro incendiado,
>
> Em redor, deixam tudo sepultado
>
> Só com o som da viola que me ajuda,
>
> Treme o sol, treme a terra, o tempo muda
>
> Eu cantando Martelo agalopado.

Outra espécie derivada da Décima é o Galope à Beira-Mar. É semelhante ao Martelo por seus versos compridos, porém guarda duas características distintivas: os versos são de onze sílabas e sempre terminam com um estribilho cuja palavra final é 'mar'. Mais uma variação da Décima – com versos de quatro ou cinco sílabas – recorrente na LC, é a Parcela, utilizada por Leandro de forma intercalada, com sextilhas em "Suspiros de um sertanejo":

> O touro, se vê,
>
> No sol muito quente –
>
> Vaqueiro na frente
>
> Não deixa-o correr.
>
> Pega a arremeter,
>
> Fazendo explosão;
>
> Fazendo menção,
>
> Espirra ligeiro,
>
> Porém o vaqueiro
>
> Estende-o no chão.

Entre as espécies da poesia popular que são mais usadas pelos Cantadores e Repentistas, encontramos: o Martelo Alagoano, os Quadrões, o Gabinete, a Toada Alagoana, a Meia Quadra, a Gemedeira e a Ligeira.

A apresentação gráfica e a produção dos livretos de Cordel merecem uma atenção especial porque representam parte indissociável da obra, estão em consonância com a escritura. O folheto de cordel mantém, desde seus primórdios, o mesmo formato (16 cm x 11 cm), a mesma apresentação gráfica (ilustração de xilogravura na capa, propaganda da editora na quarta capa e a poesia distribuída em três, quatro ou cinco estrofes por página) e, geralmente o mesmo número de páginas (oito, dezesseis, vinte e quatro e trinta e dois para as histórias menores, e entre quarenta e sessenta e quatro páginas para as narrativas maiores). Uma exceção são os livretos produzidos pela Editora Luzeiro que seguem um formato diferente (18 cm x 14 cm) e capa colorida, mas não parecem atender ao gosto popular já que o formato menor é muito mais prático e pode ser levado no bolso, o que facilita a leitura e declamação em qualquer lugar e auxilia a memorização.

A qualidade do papel dos folhetos de cordel varia de acordo com o poder aquisitivo do poeta, vai do "papel jornal" ao "papel ofício", e como todo poeta sempre ansiou por ter sua própria editora, geralmente seus trabalhos seguem uma linha evolutiva de melhoria de qualidade, à medida que vai ganhando mais dinheiro, pois ser o dono da tipografia era garantia de maiores lucros, já que, além de editar as próprias poesias, podia colocar a gráfica a serviço de outros poetas, fazendo com que ele pudesse usar papel de melhor qualidade.

Um aspecto gráfico de suma importância para a Literatura de Cordel é a xilogravura. Essa técnica de impressão – que significa literalmente "gravura em madeira" e cuja origem se perde na Antiguidade – representa um importante ponto de interseção entre a arte visual e a poesia, além de desempenhar um papel primordial no sucesso financeiro alcançado pelo livreto. A madeira utilizada pelos xilogravadores é a "umburana" que, como nos indica Gilmar de Carvalho (1999), "torna-se então o suporte destes signos que têm um caráter icônico, figurativo. E, nesse instante, ela supera sua condição de pura madeira para ser a matriz de um mundo de sonhos". Condensa, sob a forma "visual", a história do poema e põe em imagem o cerne principal da obra, fazendo a palavra dialogar com a imagem, promovendo uma leitura, caracteristicamente fluida, ou como nos esclarece Nunes (1996): "as linguagens visuais, mesmo as que incorporam as linguagens verbais, são regidas por outra sintaxe muito mais flexível do que as regras de combinação dos sistemas verbais", e é isso que se percebe quando se contempla a capa de um livreto de Cordel.

As gravuras das capas traduzem de forma sintética o eixo da história escrita para o reino das imagens, tradução intersemiótica, em que elementos de uma dada linguagem são transpostos para outra. É certo que houve – até a década de 1930, as capas eram ilustradas em sua maioria por vinhetas, arabescos, clichês de cartão postal, desenhos e fotografias de astros de cinema – e ainda há capas que possuem outro tipo de impressão gráfica, mas é a xilogravura que melhor representa a "alma" do cordel com seu traçado característico. Ela retrata as personagens, as paisagens, as cenas marcantes do romance com uma fidelidade impressionante, centrada também num processo de identificação, que une o poeta, o artista gráfico e o público.

Segundo Slater (1984), produzir um livreto de cordel abrange três etapas principais: escrever, imprimir e distribuir, tarefa feita na maioria das vezes por um único homem que escreve ligado ao seu tempo e sua história, buscando temas que agradem ao seu público e lhe garantam um bom lucro; que imprime inicialmente na gráfica de outrem até poder montar a sua própria editora, sonho de todo poeta; e que distribui aos revendedores e, pessoalmente, nas feiras, mantendo o vital contato com seu público. O trajeto seguido pela maioria dos poetas entre o escrever e o distribuir não é tão fácil e rápido quanto gostariam. Antes de escrever seus poemas, boa parte dos poetas começou como ambulante, recitando e vendendo cordéis de outrem nas feiras. Após a escritura, segue-se uma peregrinação em busca de uma editora, onde ele pode encomendar uma tiragem, pagando do próprio bolso, ou vender a poesia para algum proprietário com aspirações a poeta. Por fim, a distribuição, momento de encontro do poeta com seu público e com os vendedores ambulantes, talvez poetas no futuro.

Nas feiras do Agreste e Sertão nordestinos é resgatado o caráter de oralidade da Literatura de Cordel, o poeta – ou o vendedor – declama seus versos para uma plateia numerosa e atenta que, desejando ter consigo a história, espera a pausa do poeta para comprar não só um folheto, mas outros também anunciados, ou ainda a continuação, o capítulo seguinte de uma história em série. Como as feiras do interior do Nordeste mantinham uma alternância de dias, sempre havia trabalho, o poeta passava a semana inteira viajando, de feira em feira, retirando o sustento de sua família. Depois de algum tempo, poderia fixar ponto num grande mercado – substituído atualmente pelas feiras de artesanato – e entregar sua obra para revendedores e distribuidores em todos os grandes centros do Nordeste. Mas, até chegar a esse patamar, são muitos anos de estrada e poesia, poucos conseguem sobreviver exclusivamente de sua arte.

CAPÍTULO 2

RELIGIOSIDADE E POESIA POPULAR

> A Jeová Deus Eterno/ São José baixi-
> nho orava/ com o frio que fazia/ o me-
> nino Deus chorava/ e a Virgem banhada
> em pranto/ a seu filho acalentava.
> Joaquim Batista de Sena

A religião, além de satisfazer as necessidades de segurança dos seres humanos em seu desamparo frente aos enigmas do universo – mais explicitamente às questões referentes à finalidade última de nossa existência – e funcionar como uma das mais elaboradas ferramentas de controle social, também satisfaz nossa necessidade de transcendência, uma necessidade de que exista algo, ou alguma coisa que esteja fora das nossas relações imediatas, para além das experiências possíveis.

Acreditamos que essa necessidade de transcendência assume cores mais fortes na chamada religiosidade popular que naquela tida como "erudita" ou oficial. As manifestações populares conferem sacralidade a uma variedade de objetos e situações que ultrapassam enormemente as vivências do fiel nos cultos oficiais. Desse modo, observamos comparativamente que a intensidade da chamada "experiência oceânica" de proximidade ao sagrado é mais forte no catolicismo popular que no catolicismo oficial; é mais exacerbada no pentecostalismo que no protestantismo histórico; e

muito mais intensa nas diversas formas de religiões de origem africana (candomblé e umbanda), que no espiritismo kardecista.

A nossa análise dos aspectos psicossociais da religiosidade popular presente na poesia de cordel, em níveis de construção textual, tomará como objeto essas personagens (Padre Cícero e Frei Damião) que, a despeito de quaisquer problemas que tiveram com a religião oficial e com as autoridades constituídas civis e eclesiais, foram santificadas pela devoção popular, e encontraram na Literatura de Cordel a fonte secundária para divulgação e recrudescimento das atividades cultuais a elas vinculadas, ou às devoções por elas propostas. As poesias narrativas sobre a vida, os milagres e as vicissitudes de cada uma das personagens estudadas ultrapassam o mero caráter piedoso e passional dos fiéis ou incrédulos, que o poeta reflete, enquanto porta-voz privilegiado da cultura. Em sua arte, ele se coloca em um mais além do contar-cantar uma chamada "história exemplar", para se situar em um ponto inequívoco, que mitifica ou desmistifica a personagem escolhida. No processo de criação literária, o poeta, enquanto sujeito possuidor de uma fé ou como aquele que duvida, participa ativamente, com sua poesia, na construção e desconstrução dos mitos, pelo fato de o Cordel ser também um instrumento privilegiado de comunicação, que adentra não apenas as porteiras e cancelas dos sítios e fazendas, não apenas os umbrais das casas e apartamentos, mas, sobretudo, os corações e mentes de homens e mulheres de uma região.

As poesias de cordel, nesse ciclo temático, não diferem das dos outros ciclos em seu aspecto formal e estrutural: são compostas em vários estilos (quadras, sextilhas, sete-pés, quadrão e décimas) e formatos (em folhetos de oito, doze, dezesseis, vinte e quatro e trinta e duas páginas). Algumas dessas poesias são marcadas por forte teor doutrinário, com ênfase na defesa da fé Católica Apostólica Romana contra a "ameaça" do protestantismo. Outro grupo segue a linha tradicional de "conselhos" e "exemplos", que reforçam as prédicas moralizantes dos sermões dominicais. Há ainda aquelas que, vinculadas à defesa da fé e dos bons costumes, fazem-no a partir de narrativas biográficas dos santos, santas, beatos, beatas, padres e papas. Existe também uma grande produção poética que pode ser considerada verdadeira sinopses de livros da Bíblia, principalmente os chamados "apocalípticos", como o livro do profeta Daniel e o Apocalipse de São João. Finalmente, há um conjunto poético, em que o destaque fica por conta das peripécias do diabo e das histórias fantásticas de encantamento e magia.

Leandro Gomes de Barros inaugura na escritura – aquilo que de certo modo já era corrente na tradição oral das cantorias e repentes – a defesa radical da religião oficial, ante a tímida invasão do cristianismo de inspiração protestante, que desembarcava em terras nordestinas. Em uma poesia satírica intitulada "A alma de uma sogra", composta por trinta e duas sextilhas setessilábicas, Leandro narra a história de um velho que teve a desventura de ter tido cinco sogras terríveis, sendo a última a pior delas, pois, além de possuir todos os defeitos peculiares às sogras caricatas, ela era uma "nova seita", designação dada na época aos protestantes:

> Depois de morta três anos
> Onde sepultaram ela
> Nasceu em cima da cova

Três touceiras de mazela
Um livro de nova seita
Achou-se no caixão dela.

A cobra era nova seita
Eu conheci o mistério
E eu pude conhecer
Que o ato não era sério,
Tanto que eu disse logo,
Desgraçou-se o cemitério.

No grupo das poesias "exemplares", Abraão Batista, o poeta do Juazeiro, professa sua crença no catolicismo romano, a partir da crítica às religiões de origem africana. Em seu folheto de oito páginas e vinte nove estrofes, compostas por setilhas ou sete pés, intitulado "A macumbeira que foi fazer um despacho e despachou-se", o poeta afirma a superioridade de seu credo ao colocar a "macumba" como uma religião demoníaca, "fruto de satanás", já que seus praticantes têm parte "com as artimanhas do cão". Também se coloca contrário ao sincretismo popular, tão comum em nosso país, ao chamar de "idiotas" e "católicos vira-latas" aqueles sujeitos – políticos e gananciosos, principalmente – que se afirmam católicos, mas recorrem às práticas da umbanda ou candomblé para solucionar seus problemas amorosos, políticos e financeiros. Como se trata de uma "poesia exemplar", o poeta não se contenta apenas em mostrar o resultado terrível para aqueles que seguem os caminhos de Satanás, mas faz questão de destacar que sua obra não é ficcional, além de fazer referência, ao longo dos versos, a pessoas conhecidas na comunidade. No final – como uma espécie de nota de rodapé – indica o local, o dia, o mês e o ano do acontecido para que os incrédulos possam comprovar a veracidade da narrativa:

> O feiticeiro tem parte
>
> com as artimanhas do cão
>
> quem faz macumba, não presta
>
> não pode ser bom cristão
>
> o macumbeiro é fruto
>
> do satanás que é bruto
>
> destruidor sem ação.
>
> Mesmo assim a macumbeira
>
> tinha grande freguesia
>
> os católicos vira-latas
>
> ela mesma os possuía;
>
> o que a velha ganhava
>
> depressa ela gastava
>
> como uma pobre vadia.

Uma forma extremamente rica e interessante encontrada pelos poetas para defender sua tradição religiosa – que geralmente está em consonância com a fé católico popular de seu público leitor-ouvinte – pode ser apreciada nas inúmeras poesias que versam sobre a vida de santos, beatos, padres e papas, personagens sempre presentes na escritura de diversos poetas neste ciclo temático. Um fato digno de nota é que a personagem tida como santa não necessita ser reconhecida pela Igreja Católica Romana. A canonização popular é suficiente, é a última palavra em termos de reconhecimento de santidade, como se pôde ver nos casos do Pe. Cícero e do Frei Damião – que trataremos separadamente mais adiante. São tantas as poesias e tantos personagens que se torna difícil a tarefa de escolher que santo ou santa tomar como exemplo. Portanto, restringimos o universo hagiográfico para escolher um santo que conta com grande devoção em terras brasileiras, sobretudo, na cidade do Rio de Janeiro: São Jorge, aqui biografado pelo poeta e ex-presidente da Academia Brasileira de Literatura de Cordel, Gonçalo Ferreira da Silva. Em sextilhas setessilábicas, num folheto de oito páginas, compõe uma bela narrativa intitulada "São Jorge: o santo guerreiro nascimento, vida e morte":

> Se o mundo religioso
> a paz e o amor prega
> se Jorge o santo guerreiro
> grande multidão congrega
> que este poema ajude
> esta humanidade cega.
>
> Em duzentos e oitenta
> numa manhã setembrina
> da nossa era cristã
> em Lidda, na Palestina
> nascia o menino Jorge
> com sua missão divina.

O beato mais conhecido no sertão e agreste nordestino – depois de Antônio Conselheiro – foi sem dúvida o Beato José Lourenço, paraibano que, após perambular como penitente por algumas cidades do sertão nordestino, fixa residência em Juazeiro, tornando-se amigo e um dos mais importantes dos seguidores de Padre Cícero. Em um pequeno terreno de quinhentos hectares doado pelo pároco, o beato José Lourenço, movido por suas crenças religiosas, fundou a Comunidade do Caldeirão da Santa Cruz do Deserto. Organizada como um tipo de socialismo primitivo, a comunidade logo atraiu contra si o ódio de todas as forças conservadoras do Nordeste. Era considerada perigosa pelos grandes proprietários de terra e pelo clero do Cariri, pois deixava os fazendeiros sem a mão-de-obra barata e podia significar, na grotesca visão dos poderosos, um embrião do comunismo no sertão nordestino. A exemplo do que aconteceu em Canudos e no Contestado, o movimento religioso e pacifista liderado pelo beato deveria ser destruído, até porque o país vivia em pleno Estado Novo da ditadura Vargas. Rapidamente, é planejada uma ação militar que, por não encontrar resistência, tem como consequências a expulsão dos camponeses da terra, a destruição do arraial e a fuga do beato. Tempos mais tarde, o beato José Lourenço funda outra comunidade na serra do Araripe. Embora fosse uma comunidade pacífica, alguns dos seus seguidores, como o beato Severino Tavares, pregam a luta armada de resistência. Um grupo termina enfrentando um pelotão da polícia, resultando na morte do capitão José Bezerra – odiado pelos camponeses por ter comandado a invasão e as violências no Caldeirão – com mais dezoito soldados numa emboscada. A reação foi imediata: aviões do Ministério da Guerra metralham e bombardeia a nova aldeia do beato Lourenço deixando um saldo de destruição – a vila incendiada – e mais de mil camponeses mortos, uma verdadeira carnificina tão bem representada nos versos da Poesia Matuta de Patativa do Assaré:

> Por ordem dos militares
>
> avião cruzou os ares
>
> com raiva, ódio e com guerra
>
> uma grande carnificina
>
> contra a justiça divina
>
> o sangue moveu a terra.

Um dos episódios mais pitorescos da história do beato Lourenço diz respeito a um culto prestado pelos romeiros do Pe. Cícero ao famoso "boi mansinho". Foi em 1921 que surgiu o boato de que o boi, doado pelo empresário Delmiro Gouveia ao Padre Cícero, para melhorar a raça do gado local, estava sendo adorado pela comunidade. Alguns romeiros chegavam a beber a urina do boi por acreditarem em seus efeitos milagrosos, e também, como captou o poeta, por não existirem serviços de saúde que atendessem à população, levando-a busca de tratamentos e remédios alternativos. Foi o suficiente para que Floro Bartolomeu, chefe militar e político de Juazeiro, mandasse prender o beato José Lourenço por dezoito dias e ordenasse o abate do boi, num ato denominado por ele de "combate ao fanatismo". Sobre esse assunto o poeta Abraão Batista escreveu um livreto de trinta e duas páginas intitulado "História do beato José Lourenço e o Boi Mansinho", em que narra, nas 157 sextilhas, a biografia do beato e as aventuras do boi:

> Padre Cícero entregou
>
> esse boi pro Zé Lourenço
>
> e ele em Baixa Danta

tratou o boi com incenso
por ser o boi do Padrinho
dispensava carinho imenso.

Chegaram até a dizer
que aquele boi era santo
porque santo era o dono
cantavam pra ele um canto
benzendo nas ladainhas
cobrindo-o de seda e manto.

Em relação às autoridades máximas do catolicismo romano, não encontramos uma produção expressiva, só umas poucas poesias e sempre relacionadas a fatos de repercussão jornalística – morte, atentado, eleição e visitação. A responsabilidade por essa escassa produção poética, em um contexto tão fortemente influenciado pelo catolicismo, talvez se deva, em primeiro lugar ao longo tempo de pontificado da maioria e, em segundo lugar, pelo fato da vida deles não ser tão interessante, dado o distanciamento espacial e existencial dessas figuras para com o público leitor-ouvinte do cordel.

A melhor evidência do exposto acima pode ser constatada pela quantidade de obras que versam sobre o papa João Paulo II – cuja eleição foi amplamente divulgada pela mídia, sofreu um atentado amplamente noticiado, visitou o Nordeste do país e morreu em um clima de cobertura total, da agonia ao sepultamento – em comparação a todos os outros. E é justamente sobre a vida dele que o poeta Gonçalo Ferreira da Silva escreve um folheto "João Paulo

II: o fim de um longo pontificado", quando de sua morte, em que ressalta seu caráter carismático; sua devoção mariana, estabelecendo relação entre ela e o mês de nascimento dele; suas viagens ao redor do mundo; sua humildade em reconhecer os erros da Igreja Católica Romana e ter pedido perdão por isso; e seu pacifismo militante, que o levou a ser indicado para o Prêmio Nobel da paz:

> Morreu João Paulo II
>
> o ser humano capaz
>
> de fazer pelo planeta
>
> o que ninguém fez ou faz
>
> porque o sumo Pontífice
>
> foi o verdadeiro artífice
>
> de muitos planos de paz.

> Com o mundo atravessando
>
> as mais dolorosas crises
>
> João Paulo espalha amor
>
> nos mais distantes países,
>
> prega ensinamentos novos
>
> deixando todos os povos
>
> imensamente felizes.

Dentre os folhetos que reproduzem – no todo ou em parte – histórias bíblicas, merece especial destaque a obra composta a "quatro mãos" por Sebastião Paulino e Rouxinol do Rinaré, folheto de oito páginas e trinta e quatro sextilhas setessilábicas com rimas ABCBDB, intitulado "O profeta Daniel e o sonho que o rei esqueceu". Esse folheto é uma narrativa fiel dos dois primeiros capítulos do livro do profeta Daniel, em que se conta o episódio do sonho do rei Nabucodonosor e a interpretação dada por Daniel. A fidelidade dos autores ao texto bíblico é realmente impressionante, pois constatamos, ao longo da obra, que cada estrofe foi construída a partir de um ou mais versículos bíblicos como o leitor pode comprovar lendo esses capítulos em qualquer Bíblia.

> Foi Nabucodonosor,
> O grande rei dos Caldeus,
> Sitiou Jerusalém
> E dentre o povo de Deus
> Levou os jovens cativos
> Cumprindo os desígnios seus.

> O rei requisitou jovens
> De uma formosa aparência
> Que fossem inteligentes
> Entendidos na ciência
> E Daniel foi um deles
> Por divina providência.

Outro elemento de suma importância nesse ciclo temático e que desnuda o teor reacionário da ideologia religiosa aparece nas obras cujo núcleo narrativo são as crendices e lendas que abundam no imaginário popular, mas especificamente na referência constante ao "diabo", significante que habita o imaginário humano desde o início da história da humanidade e que sempre esteve presente nas criações artísticas e literárias de todos os povos. A crença nos espíritos, bons ou maus, remonta ao paleolítico e mantém uma profunda relação com os rituais agrários de fertilidade, em que os espíritos dos mortos e deuses locais eram invocados para o favorecimento da colheita. Da primitiva religião totêmica, até a atualidade, o diabo passou por inúmeras modificações, fruto de condensações e deslocamentos, chegando a sua forma atual: representante supremo de todo mal, porém carregado de ambiguidade.

Nas pelejas e nas histórias, o diabo aparece também expressando esse traço de ambiguidade, e é utilizado pelo poeta, em conformidade com o imaginário popular, assumindo o aspecto físico das ilustrações dos catecismos, e recheado de elementos que desmascaram o racismo de nossa gente, já que o diabo é geralmente representado em seu formato humano como um indivíduo da raça negra. Na "Peleja de Manoel Riachão com o Diabo", Leandro Gomes de Barros inicia com uma descrição pormenorizada da figura demoníaca, encarnada num sujeito de descendência africana:

> Riachão estava cantando
> Na cidade de Açu,
> Quando apareceu um negro
> Da espécie de urubu –
> Tinha a camisa de sola
> E as calças de couro cru.
>
> Beiços grossos e virados
> Como a sola de um chinelo;
> Um olho muito encarnado,
> O outro muito amarelo –
> Este chamou Riachão

Para cantar um duelo.

O fantástico – associado às manifestações satânicas – é também um mote privilegiado. Encantamentos tais como transformações de humanos em animais, associações de religiões não católicas com seitas demoníacas e histórias de esperteza de humanos em pactos ou contendas com satanás – ciclo do diabo logrado – são abundantes em todos os períodos da Literatura de Cordel. O poeta e xilogravador pernambucano, internacionalmente conhecido, José Francisco Borges, em seu pequeno folheto de cinco páginas, intitulado "A fundação da igreja e o papa do diabo", composto em sextilhas setessilábicas com rimas ABCBDB, constrói um texto em que se mesclam profecias escatológicas e conselhos exemplares, para que se evite a danação eterna pela atenção e devoção aos ícones centrais da religiosidade nordestina: Pe. Cícero, Frei Damião e a Virgem das Dores:

> Leitores o mundo velho
> já esta quase no fim
> cada dia que se passa
> aparece mais um pantim
> escândalo orgia e dito
> e tudo quanto é ruim.
>
> ....
>
> Este mundo está dizendo
> brevemente eu me acabo
> que a metade do povo
> já viraram cão sem rabo
> e agora vão levantar

a igreja do diabo.

A sede é em Sergipe
já está em construção
pertinho de Aracajú
é a igreja do cão
e já tem vários adeptos
pra esta religião.

Acreditamos que as variedades temáticas das poesias acima são suficientes para situar a abrangência do ciclo temático místico-religioso da Literatura de Cordel. Entretanto, não pretendemos, com o corpus apresentado, limitar ou esgotar a possibilidade de variações – que são incontáveis – dentro de um mesmo tema, já que o cordel se desenvolve em sintonia com o desenvolvimento da sociedade, traduzindo valores culturais e atualizando os anseios dos homens e mulheres de uma região nas diversas áreas da existência. E a fé, com todas as implicações que dela decorrem, faz parte desse universo atemporal, cantado na poesia de cordel, atingindo seu ápice nas poesias dedicadas aos queridos santos da devoção popular do Nordeste do país, Pe. Cícero Romão Batista e Frei Damião de Bozzano que abordaremos a seguir.

CAPÍTULO 3

O PADRE CÍCERO ROMÃO BATISTA

> "Olha lá, no alto do horto; ele está vivo
> o Padrim não tá morto". Luiz Gonzaga

Em uma de suas músicas dedicadas ao Pe. Cícero, Luís Gonzaga, o Rei do Baião, capta com sua alma de devoto, o sentimento da massa de romeiros que invade há décadas a cidade de Juazeiro do Norte (CE), a saber, a permanência sempiterna, a presença viva do Padrim no alto do horto e em toda cidade. É realmente impressionante essa presença: no centro comercial da cidade, a maioria das lojas exibe na entrada – ou em pequenos oratórios no interior – imagens do Pe. Cícero de todos os tamanhos, além de ter seu nome estampado na fachada dos mais diversos estabelecimentos, tais como pizzarias, sorveterias, armarinhos, lojas de eletrodomésticos, ruas e praças.

Ouve-se pela cidade um dito que já se incorporou ao discurso do cidadão juazeirense: "a cidade de Juazeiro é, talvez, o maior milagre do Pe. Cícero". Isso pode ser constatado em um passeio pela cidade que vive e se move em volta do santo popular, mobilizando durante todo ano milhões de peregrinos e romeiros, que sustentam a economia do lugar. Nos principais dias festivos, a cidade de 250 mil habitantes, tem sua população quadruplicada, com a chegada das caravanas de ônibus e paus-de-arara, que trazem os fiéis de todos os recantos do país, mas principalmente do Nordeste.

Juazeiro do Norte está localizada na região do Cariri, a aproximadamente seiscentos quilômetros da capital Fortaleza, sendo a segunda maior cidade do estado do Ceará. Quando ainda não passava de um pequeno povoado, o Pe. Cícero afirmava em tom profético: "Esta cidade é um centro de romaria e de devoção [....] refúgio dos náufragos da vida" de acordo com o historiador Daniel Walker. E, tem sido esta a vocação da cidade, uma Meca encravada no meio do sertão nordestino, que vive e respira a imagem de seu santo milagreiro, e que tem como atrações e pontos turísticos tudo que se refira à vida do mito do Padrim: sua estátua na serra do Horto – com 27m de altura – é a terceira maior obra de concreto do mundo; sua última residência, hoje transformada em museu, guarda objetos de uso pessoal do Pe. Cícero, além de ex-votos, imagens sacras e oratórios; o Memorial do Padre Cícero guarda objetos do ofício sacerdotal, possui uma biblioteca e um excelente acervo fotográfico.

Além de ser considerado o principal santo do catolicismo popular do Nordeste, o Pe. Cícero desponta também como a personagem religiosa mais importante da Literatura de Cordel brasileira. Sua história – que se confunde com a da cidade que adotou como lar – é contada e cantada pelos cordéis e cantadores desde o princípio de seu apostolado. Sua figura carismática, misto de líder religioso e político, que transparece em sua sagacidade e determinação no trato dos assuntos de ambas as categorias; seu tino de administrador das querelas políticas de seu lugarejo, aliada à aura mística de "fazedor de milagres", formam o pano de fundo de uma história que terá como consequência a criação das mais belas páginas desse ciclo temático da poesia popular nordestina.

Cícero Romão Batista nasceu no dia 24 de março de 1844, na cidade do Crato, Ceará. Sua família era composta pelos pais Joaquim Romão Batista e Joaquina Vicência Romana, mais conhecida como Dona Quinô, e duas irmãs – que não chegaram a se casar – Maria Angélica (Mariquinha) e Angélica Vicência. Cícero começou a estudar aos seis anos de idade e, aos doze, sob a influência de suas leituras sobre a vida de São Francisco de Sales, fez voto de castidade. Quando Cícero contava dezoito anos de idade seu pai morre vitimado pela cólera-morbo. Com vinte e um anos, ingressa no Seminário da Prainha, em Fortaleza, de onde saiu ordenado, em 30 de novembro de 1870. Retornando ao Crato, em janeiro do ano seguinte, celebra sua primeira missa em sua terra natal.

Em abril de 1872, ele passa a residir definitivamente no povoado de Juazeiro, na época com doze casebres de alvenaria e uma capela. Veio acompanhado da mãe, das irmãs e de uma escrava conhecida como Terezinha do Padre. Durante vinte anos, o Pe. Cícero foi Capelão de Juazeiro, até a sua suspensão, em decorrência da questão dos milagres da transformação da hóstia em sangue na boca da beata Maria de Araújo, fenômeno acontecido pela primeira vez em março de 1889 e repetido dezenas de vezes, tendo provocado grande ebulição no seio do catolicismo oficial e popular.

Além dessa função de líder religioso, o "Padrim" acumulava outra função: a de líder político. Durante doze anos, ocupou o cargo de prefeito de Juazeiro, em 1914 foi nomeado vice-governador do Ceará e em 1926 elegeu-se deputado federal. O padre Cícero faleceu no dia 20 de julho de 1934, aos 90 anos de idade, tendo sido sepultado no interior da Capela de Nossa Senhora do Perpétuo Socorro, onde se realiza todos os meses, no dia de sua morte, uma missa em sufrágio de sua alma.

No ano de 2006, durante a tradicional missa campal, celebrada todos os anos no dia 24 de março, para comemorar o aniversário do nascimento do Pe. Cícero Romão Batista, o Bispo do Crato, D. Fernando Panico, anunciou que iria a Roma encontrar-se com o Papa Bento XVI – acompanhado de uma comissão diocesana e levando livros, contendo milhares de assinaturas – para pedir a reabilitação eclesial do Pe. Cícero. As chances da abertura de um processo de beatificação e, posteriormente, de canonização são muito grandes, porém não tão importantes para o romeiro e devoto do Padrim, pois eles já o canonizaram desde longa data. Para o povo, os critérios teológicos utilizados pela religião oficial perdem sua força diante do exemplo de vida religiosa e dedicação de seus santos populares, segundo o historiador Moisés Espírito Santo.

Se a Literatura de Cordel tem, ao longo de sua história, elegido como tema poético os fatos do cotidiano imediato dos habitantes de um espaço circunscrito – notadamente o agreste e sertão nordestino – jamais deixaria de registrar a passagem dessa personagem tão importante no plano social quanto no espiritual. Mas não se tratou apenas de um registro. Antes, a Literatura de Cordel, em consonância com o público leitor-ouvinte, faz-se porta-voz de um discurso mantenedor de uma religiosidade de raízes populares

– tão bem encarnada na figura daquele padre de estatura baixa, loiro, de olhos azuis e vida austera, sempre pronto a ouvir e aconselhar – que abalou a ordem constituída e mesmo alguns fundamentos da religião oficial. Tanto é fato, que o Pe. Cícero foi canonizado à revelia do poder da Igreja Católica Romana, a qual, mesmo tendo-o excomungado, teve de conviver com suas prédicas, enquanto vivo, e com as romarias, após sua morte, para aquele lugar que passou a ser "terra santa", espaço sagrado de contato com as forças divinas, através da mediação do "Padrim".

O poeta e devoto Abraão Batista, em sua poesia "Padre Cícero o cearense do século" (folheto de dezesseis páginas e 58 estrofes com rimas ABCBDB), descreve a importância do padre, tanto do ponto de vista religioso – que a despeito das condenações do catolicismo oficial continua sendo o "santo do Juazeiro" – quanto político e social. Ele era um amigo, um conselheiro e um assistencialista em vida e o motor da economia do lugar principalmente depois de morto, dando não só emprego, mas tempero, sentido e sabor à existência do espaço e dos homens e mulheres daquela região:

> A igreja o condenou
> mas Padre Cícero cresceu
> Crato o repudiou
> o que ele não mereceu
> mas Juazeiro do Norte
> com carinho o acolheu.

> Pra mim, Padre Cícero foi

um assistente social
pois aqui no Brasil todo
ninguém encontra um igual
foi conselheiro amigo
e político sem rival.

Padre Cícero foi e é
a nossa carta principal
é um coringa valente
na crista do ideal
é o tempero do povo
é molho, açúcar e sal.

A produção poética sobre a vida e os acontecimentos ligados à figura do Pe. Cícero é extensa: são centenas de folhetos narrando os milagres, as prédicas e peripécias do santo do Juazeiro. Alguns livretos foram escritos com a mais pura fidelidade jornalística, sempre preocupados em narrar – ainda que em versos – os fatos tais como aconteceram; outros, com devoção piedosa, realçam os aspectos espirituais do taumaturgo, exagerando em suas virtudes e descrevendo seu poder como intercessor privilegiado na relação do devoto com Deus ou com a Senhora das Dores, padroeira da cidade; e uma minoria, que ousou questionar não apenas a santidade do Padrim, mas até mesmo seu caráter e suas virtudes.

Iniciaremos nossa análise seguindo a contramão do caminho tomado pela maioria dos poetas e autores em geral, e examinaremos duas produções poéticas do chamado "novo cordel" que tratam de um Pe. Cícero não divinizado: iniciaremos com o folheto do grande poeta pernambucano, radicado em Campina Grande, Manoel Monteiro, "A vida do Padre Cícero. Político ou Padre? Cangaceiro ou Santo?" e concluiremos com a sátira fantástica de Moreira de Acopiara "Lampião e Padre Cícero num debate inteligente". No bojo de cada exame particular das poesias acima, incluiremos, a título de diálogo comparativo, excertos de obras de alguns poetas tradicionais, como Cego Aderaldo e poetas devotos, como Abraão Batista, que versejam sobre um mesmo tema, mas com abordagens diametralmente opostas.

Manoel Monteiro nasceu em Bezerros, Pernambuco, no dia 4 de fevereiro de 1937 e faleceu no dia 4 de junho de 2014 em Campina Grande, estado da Paraíba. É considerado, por estudiosos da área e pelos seus pares, como o mais importante cordelista brasileiro em atividade na primeira década século XXI. Além de excelente poeta, com mais de 50 anos de ofício e membro da Academia Brasileira de Literatura de Cordel – ocupa a cadeira de número 38, patronímica de Manoel Tomás de Assis – é produtor cultural, editor e divulgador daquilo que sabiamente denominou "Novo Cordel". Uma característica marcante na obra monteirina é a atenção dada ao uso da língua. Ele chegou a afirmar que "se atropelar a língua portuguesa não é cordel, melhor é jogar no lixo". Na obra que analisaremos, pode-se ver o rigor e o cuidado com a construção dos versos, compostos por 79 setilhas, ou sete pés, em sequência ABCBDDB e versos setessilábicos distribuídos em 20 páginas e formato clássico (18x13).

A poesia de Monteiro já se inicia de forma contundente nas duas primeiras estrofes, com a crítica aos poetas que "alugam suas

penas", cuja inspiração oscila ao ritmo do dinheiro – confessando
que também já agiu assim – e descreve sua metodologia valorativa
na hora de construir um folheto:

> Tem cordelista que gosta
> De passar o tempo inteiro
> Dando valor à crendice
> Dando ouvido à embusteiro,
> Valorizando ladrão
> Porque sua inspiração
> Só baixa "vendo" dinheiro.
>
> Já prestigiei fantoches
> Mas só quando estava liso,
> Hoje antes de aplaudir
> Ouço, pondero, analiso,
> Decido com muita calma
> A hora de bater palma
> Ou criticar, se preciso.

Na terceira estrofe vem o pedido de desculpas ao leitor-
ouvinte, por versejar de uma forma que possa ser – e certamente é
– ofensiva à sua consciência religiosa, porém, a necessidade de ser
"fiel aos fatos" é o que o leva a escrever a "história verdadeira do
padre Cícero Romão" destacado em maiúsculas no original, para
enfatizar que, mesmo não agradando ao público, a verdade deve
prevalecer:

> Sem ser desmancha prazeres
> Nem rasgador de ilusão

Mas por ser fiel aos fatos
Os "meus leitores" terão
Neste folheto de feira
A HISTÓRIA VERDADEIRA
DO PADRE CÍCERO ROMÃO.

O poeta irá construir sua narrativa – nos versos que precedem à descrição dos fatos principais da biografia do Padrim – à base de comparações que evidenciam a dupla atividade exercida pelo Pe. Cícero – político e pastor, por exemplo – e a ambiguidade que tal duplicidade expõe, como se pode apreciar nos versos abaixo:

Na história a fantasia
É o que mais se propala
No caso do PADRE CÍCERO
É fácil identifica-la
Pois pra "servir" a Jesus
Usava o bálsamo da cruz,
A persuasão da bala.

Foi por seus 90 anos
Mais político que pastor,
Tinha a porta sempre aberta
Pra carola e eleitor
Mas se fosse adversário
Tinha das mãos do vigário
O fel de seu desamor.

Na sequência da narrativa biográfica, o poeta Monteiro utiliza um recurso que alia tradição e modernidade estilística, atribuindo as manifestações sobrenaturais que envolvem a consagração do herói – que em qualquer narrativa mítica selariam um destino marcado pela presença do maravilhoso – ao nascimento de um embuste, que, a partir de um boato, vê ratificada sua santidade. Entretanto, a lucidez do poeta não para aí, ele percebe que no cerne da construção de um mito está a predisposição de um povo sedento por uma hierofania, capaz de enxergar manifestações do divino em objetos, falhas em vidros de janelas, sombras projetadas em paredes etc.

> Quando novembro chegou,
> Dia 30, exatamente,
> Do ano 1.800
> E 70, finalmente
> Dom Antônio o ordenou;
> Nesse dia "o céu mostrou
> um fenômeno diferente".

> Exatamente na hora
> Que estava sendo ordenado
> "Apareceu um cometa"
> Que não fora anunciado,
> Como lembrete e prenúncio
> Ou um prematuro anúncio
> Que o Padre era iluminado.

Quem não viu disse que viu
Dos astros o desarranjo
E dizem que o Bispo disse
"Estou consagrando um anjo",
Esse primeiro boato
Foi dando ao nosso beato
Asa e candura de arcanjo.

(Neste país tem milagre
Que parece brincadeira
Tem santo que chora sangue
De molhar a roupa inteira,
Já não causa mais espanto
Formiga desenhar santo
(Em folha de bananeira.)

Nas estrofes seguintes, o poeta vai tratar da chegada do Padrim à Vila de Juazeiro, apontando o fato como acontecimento perfeito para quem desejava proclamar-se santo, pois tratava-se de uma vila ocupada por escravos, criminosos e carolas, carentes de liderança, como ovelhas sem pastor. Na compreensão do poeta, esse era o terreno fértil e perfeito para a mitificação do padre e seu posterior endeusamento: a carência e credulidade do povo, somadas às ambições de um padre espertalhão que se diz estar cumprindo uma missão divina e o pastor escolhido por Deus, compõem o cenário propício para o nascimento de um mito.

Juazeiro era só uma
Pequena Vila rural,

O PADRE foi lá fazer
U'a missa de Natal
Sendo tão pródigo em louvores
Para a Senhora das Dores
Conquistou o pessoal.

Como Juazeiro estava
Sem um Padre conselheiro
E o jovem PADRE CÍCERO
Mostrou-se tão bom obreiro
O povão o convidou
Pra ficar, ele ficou
Na igreja do Juazeiro.
....
Os mitos formam-se assim:
Um diz, parece, outro é,
Eu vi, podes crer, eu vi
E tu verás, tendo fé,
O PADRE, um místico doente
Enganava aquela gente
Com esse papo ralé.

Depois das missas fazia
Sermões ameaçadores
Dizendo-se um enviado
Da Santa Virgem das Dores
Afirmava ter nascido

Como pastor escolhido

Pra guiar os pecadores.

Se até aqui o poeta pareceu ousado demais em sua narrativa, e talvez até ofensivo, do ponto de vista do devoto, nas estrofes seguintes, a crítica atinge o ápice: não se trata simplesmente de uma crítica ao caso do pretenso milagre protagonizado pela beata Maria de Araújo mas, antes de tudo, uma crítica social, em que se leva em consideração elementos de natureza sociológica, psicológica e política. Em seus versos, Monteiro nos revela a situação social de grande número de mulheres do sertão nordestino no final do século XIX, cujas vidas gravitavam ao redor de duas "opções": o casamento ou a vida religiosa em uma das inúmeras irmandades – oficiais ou não – que se espalhavam pelo interior do Brasil. Ao se referir à beata Maria de Araújo o poeta é incisivo quando descreve o famoso milagre como uma encenação, um "drama sujo" que tem como principais personagens uma jovem beata tuberculosa – daí a expectoração de sangue – e um padre oportunista, ávido por ver o "caixa tilintando". O termo "sujo" aqui adquire um duplo sentido, podendo designar tanto a sujeira proveniente das secreções que eram expelidas pela beata nos panos, quanto o aspecto golpista da farsa montada pelo Padrim e a beata, para aumentar a arrecadação da paróquia:

Lá por 1800

E 88 vão

Dar formas a Irmandade

Do Sagrado Coração

De Jesus onde beatas

Trocavam saias por batas
E o mundo por oração.

Dentre elas destacou-se
U'a mulata franzina
Que o PADRE CÍCERO criara
Desde muito pequenina,
MARIA DE ARAÚJO
Encenou um drama sujo
Pra seu chefe de batina.

Essa Beata Maria
de Araújo, coitada!
Além do corpo raquítico
E de ser cria enjeitada
Era fraca do pulmão
Cuspia sangue, e razão?
Tinha muito limitada.

Por isso mesmo uma vez
Na hora da comunhão
Sujou a hóstia de sangue
E foi nessa ocasião
Que alguém afirmou ter visto
O sangue de Jesus Cristo
Escorrendo pelo chão.

Esse boato sem lógica
Igual a todo boato
Foi crescendo, foi crescendo
E o PADRE viu no fato
A sua igreja ganhando
Com os romeiros chegando
E muita esmola no prato.

Os panos sujos de sangue
Onde a beata cuspia
Passaram a ser venerados
Pois o povo inculto cria
Que as manchas de sangue e pus
Eram do próprio Jesus
Em permanente agonia.

O poeta conclui sua obra de forma surpreendente – de forma satírica, como estratégia paródica de composição literária – tocando na ferida exposta, que revela os verdadeiros interesses da Igreja Católica Romana. A despeito da condenação, proibição e excomunhão do Pe. Cícero (esses os pilares da crítica que a igreja fazia no princípio), ela tolera e até incentiva o culto, sob a fachada de ser prestado à Nossa Sra. das Dores, sendo na realidade, ao Padrim. As romarias para pagamento de promessas ou agradecimento por graças alcançadas, nos dias que passaram a ser santificados; as peregrinações aos locais sagrados, em que o devoto busca se envolver no clima mítico e santo que emana dos objetos utilizados pelo padre, principalmente aqueles que estão na antiga residência do vigário, no centro da cidade e na casa paroquial do Horto; os hinos – chamados benditos – que alçam o Pe. Cícero à divindade suprema, pois, se ele é um dos nomes da Santíssima Trindade, ele é Deus, como nesse bendito do poeta e devoto João Mendes de Oliveira: "Porém posso conhecer/ De tudo quanto é verdade!/ Não tenho capacidade/ Mas sei que não digo à toa/ - Pade Cisso é uma pessoa/ Da Santíssima Trindade". Tudo isso é tolerado pela Igreja Romana que, como afirma o poeta, tem ficado cada vez mais rica, graças ao culto extraoficial ao "santo do Juazeiro", e não convém desprezar um santo tão lucrativo.

> Esse padre nordestino
> Que o povão santifica
> Foi tão controverso em vida
> Que a própria igreja o critica,
> Critica, mas sem razão,
> Pois PADRE CÍCERO ROMÃO
> Faz esta igreja mais rica.
>
> Romeiro não quer saber
> Se o Padre agiu errado,
> Se teve as Ordens suspensas,
> Se morreu excomungado
> A ele só interessa
> Rezar, pagar a promessa
> Pelo "milagre" alcançado.
>
> Como santo não tem bolso

Mas padre tem e portanto
Juazeiro é u'a mina
Com ouro por todo canto
Os padres do Juazeiro
Vão recebendo o dinheiro
Como prepostos de santo.

O poeta Manoel Moreira Júnior, mais conhecido por Moreira de Acopiara, nascido no dia 23 de julho de 1961 na cidade de Acopiara, estado do Ceará, escreveu uma poesia sobre um tema que, desde longa data, ocupa o imaginário do sertanejo seja ele devoto ou não. Trata-se das relações travadas entre o Pe. Cícero e Lampião.

Na poesia "Lampião e Padre Cícero num debate inteligente" (folheto de dezesseis páginas e 61 estrofes compostas em sextilhas com rima ABCBDB), o poeta cria uma situação inusitada, na qual os dois personagens mais presentes no imaginário do povo nordestino se encontram no purgatório. Fato curioso – e o poeta destaca bem isso – é que, depois de mortos, nem o padre vai para o céu nem Lampião para o inferno, o que de certa forma mostra que há certa equivalência entre ambos. Acopiara inicia seu cordel explicitando seu desejo de versejar "de maneira diferente" sobre o "Padrim" e Lampião, "isento de fanatismo", advertindo para o fato de que talvez seja o primordial em níveis de construção textual, em relação à temática abordada, a saber, o fato de os temas continuarem a povoar a nossa imaginação:

Sobre esses dois elementos
Já versejou muita gente,
Mas também vou versejar,
Pois não sou incompetente.
Só que desejo fazê-lo
De maneira diferente.

Isento de fanatismo
Eu li do começo ao fim,
Dos dois a real história
Pra depois pensar assim:
Esses dois homens tiveram
Um lado bom e um ruim.

Por outro lado sabemos
Que os temas: Religião
E Cangaço, são dois temas
Que em qualquer ocasião
Continuam povoando
A nossa imaginação.

Lampião e Padre Cícero
Foram dois homens valentes;
Cada qual o mais astuto,
Ambos muito inteligentes,
Todos dois exploradores
Das populações carentes.

Nas estrofes abaixo, o poeta vai traçar um paralelo comparativo entre as personagens, em que se destacam elementos de natureza psicológica (as relações parentais principalmente no que concerne à educação durante a infância), sociológica (relações sociais e de produção) e política (coronelismo) enquanto responsáveis pelo destino seguido por ambos:

> Só que o bandido era pobre
> E nunca pôde estudar,
> Nasceu e cresceu no mato,
> Viveu sempre a trabalhar
> Até chegar o momento
> De ter que se debandar.
>
> Foi educado no meio
> De ignorantes matutos
> Onde havia pouca fé
> Naqueles corações brutos.
> E em planta que cresce assim
> Não pode vingar bons frutos.
>
> Tinha pais de pouca monta,
> Adeptos do carrancismo,
> E além de crescer num meio
> De muito pouco civismo,
> Nesse tempo no Nordeste
> Reinava o coronelismo.

Cícero Romão Batista,
Um filho ilustre do Crato,
Nasceu confortavelmente,
Cresceu sem muito recato
E fez-se um adolescente
Bem educado e pacato.

Teve uma mãe cuidadosa,
E o pai, homem abastado;
Estudou em bons colégios
Até ser matriculado
Num curso superior,
De onde saiu preparado.

Segundo a grande maioria dos historiadores, Lampião e o Pe. Cícero tiveram um único encontro – contra a vontade do religioso – que fora promovido a partir do convite feito pelo então Deputado Federal Floro Bartolomeu, para que o cangaceiro e seu bando se juntassem ao Batalhão Patriótico, na localidade de Campos Sales, divisa dos estados do Ceará com o Piauí, no intuito de deter a temida Coluna Prestes que, ao tomar conhecimento da emboscada, teria mudado de itinerário.

Mesmo não sendo mais necessária sua presença, no dia 6 de março de 1926, Lampião e seus cangaceiros chegam a Juazeiro onde são recebidos pelo Tenente Francisco Chagas de Azevedo, que os hospeda na fazenda do Deputado Floro Bartolomeu, que a esta altura já havia retornado ao Rio de Janeiro, para continuar seu tratamento de saúde. Por volta das 22 horas desse mesmo dia, o padre chega à fazenda, diz para Lampião que já está na hora dele mudar de vida e pede-lhe que deixe a fazenda e vá para local mais seguro, um sobrado na cidade, pertencente ao poeta João Mendes, no qual o Rei do Cangaço ficaria até o dia 8 de março, e onde se deu o último encontro entre os dois maiores ícones do sertão nordestino. A partir daí, ficção e realidade se confundem: se o padre abençoou o rifle de Lampião, se lhe deu patente de capitão e depois a retirou, se aconselhou o cangaceiro a abandonar a vida bandida, se o presenteou com um rosário da Senhora das Dores, não sabemos ao certo. O que podemos afirmar com certeza, dada à ampla documentação, é que a estada de Lampião em Juazeiro do Norte foi um acontecimento dos mais marcantes, por ter transformado o sobrado do poeta no ponto turístico mais visitado da cidade naqueles dois dias de março. Curiosos, políticos, jornalistas, poetas e fotógrafos chegavam de todos os lugares para conhecer o famoso cangaceiro.

Naquela ocasião, o médico e repórter Octacílio Macêdo realiza a mais conhecida entrevista dada por Lampião, tendo sido publicada no jornal "O Ceará" de Fortaleza em duas edições sucessivas (17 e 18 de março de 1926), da qual destacamos os principais pontos concernentes à vinda do bando ao Juazeiro. Lampião inicia destacando o porquê de seu apreço pelo Ceará: "Sempre respeitei e continuo a respeitar o estado do Ceará, porque aqui não tenho inimigos, nunca me fizeram mal, e além disso é o estado do padre Cícero. Como deve saber, tenho a maior veneração por esse santo sacerdote, porque é o protetor dos humildes e infelizes, e sobretudo porque há muitos anos protege minhas irmãs, que moram nesta cidade"; e con-

clui esclarecendo os motivos dessa visita: " Vim agora ao Cariri porque desejo prestar meus serviços ao governo da nação. Tenho o intuito
de incorporar-me às forças patrióticas do Juazeiro, e com elas oferecer
combate aos rebeldes".

Do real encontro entre as duas personagens mais importantes da Literatura de Cordel é tudo que sabemos, o que conversaram
e mesmo que impressão tiveram um do outro, nunca saberemos.
Entretanto, as lacunas deixadas por esse encontro foram devida-
mente preenchidas pela imaginação popular e pela criação artística,
como na obra supracitada do poeta de Acopiara, que, após descrever o contexto imediato que possibilitou a cada um deles trilhar por
caminhos opostos e excludentes, pois que são de natureza contrária
– virtude e vício, santidade e pecado, Deus e diabo – prepara o
cenário para dar continuidade ao breve encontro que tiveram em
Juazeiro, só que agora em outro lugar:

Mas no Nordeste até hoje

Corre solto um falatório

De que os dois se encontraram

Certa vez no purgatório.

Eu não sei se isso é verdade

Ou se é discurso ilusório.

Não sei se isso são fatos

Ou são boatos somente,

Mas quem contou garantiu

Que os dois naquele ambiente,

Purgando, estabeleceram

Um debate inteligente.

O diálogo começa com a surpresa de ambos, pois, pela lógica da religiosidade popular, depois de mortos, para o padre estaria reservado um lugarzinho no céu e para o cangaceiro uma vaga no inferno. Porém, subvertendo a ordem das coisas, o poeta enxerga aquilo que é de mais peculiar à personalidade humana: a coexistência pacífica de tendências contrárias dentro do mesmo sujeito, o que não o torna nem totalmente bom nem totalmente mau. Essa fuga do maniqueísmo, característica da modernidade, é fato novo na Literatura de Cordel. Antes do "Novo Cordel", as estruturas formais do texto não admitiam tal flexibilidade: bom é bom e mau é mau, sem espaço para categorias intermediárias. Desde os autos da literatura ibérica observa-se esse conflito entre Deus e o diabo, o bem e o mal, o céu e o inferno como no "Auto da Barca do Purgatório", de Gil Vicente, em que aparecem questionamentos acerca de quem é que deve ir ao céu, ficar na praia do purgatório ou ir direto para o inferno. A Literatura de Cordel além de atualizar o motivo histórico avança em relação à contestação do sagrado. Aqui é a santidade de um ícone popular que é colocada em julgamento:

> Disse Lampião: seu padre,
> Eu estou desapontado!
> O senhor não deveria
> Ter sido ao céu enviado?
> - Não, meu filho, eu fui um padre,
> Mas também tive pecado!
>
> Já você foi sanguinário,

Foi um bandido moderno.
Não deveria ter ido
Direto para o inferno
Junto com seus aliados
Pra queimar no fogo eterno?

Segue-se então a justificativa dos dois, sob a forma de um "diálogo inteligente", começando pelo falecido cangaceiro que, ao procurar mostrar a motivação subjacente às suas realizações na terra, não se vê tão diferente do religioso:

- Seu padre, o senhor já sabe
Que o cangaço foi meu dom.
No dialeto das armas
Precisei conversar com
Quem desejava meu fim,
Mas tive o meu lado bom!

Não tive pátria nem lar,
Fui eterno caminhante,
Exposto a sol e a chuva
Buscando um sonho distante,
Andando sem direção
Igual um judeu errante.

Fui muito imediatista,
Nunca gostei de depois;
O senhor articulava...
Mas fique tranquilo, pois

Descobri que não há muita
Diferença entre nós dois.

Eu acho que está bem claro
Que somos iguais. Portanto,
O senhor não foi só riso
Nem eu fui somente pranto;
Nem eu fui tão pecador
E nem o senhor tão santo.

O padre responde ao cangaceiro, tentando mostrar-lhe todo o trabalho piedoso que realizou em prol do povo do sertão, como o de ter sido o primeiro defensor do meio-ambiente e ensinado ao sertanejo a preocupar-se com a preservação da natureza, além, é claro, de evangelizar e aconselhar moralmente seus devotos:

- Ta certo, mas você sabe
Que vivi sempre a pregar;
Que ensinei que o sertanejo
Precisava respeitar
Seu semelhante e a terra,
Sem se esquecer de rezar.

E sempre disse: não mate,
Não brigue, engane nem fira
Acredite em Deus, não roube,
Não diga jamais mentira
E plante, sempre que possa,
Sabiá e macambira.

> Plante sempre nas encostas
> Muitos pés de marmeleiro,
> E pra combater a fome
> Mucunã e imbuzeiro,
> Ata, manga, cajarana,
> Castanhola e juazeiro.

O debate termina com um acordo de não agressão entre eles ("olhemos os dois pra frente") e a crença de que ambos podem ser perdoados no céu ("Paulo e Madalena foram também perdoados..."). Acaba-se o debate, mas a poesia continua com o poeta voltando a ser o narrador, advertindo o leitor sobre o caráter ficcional e simbólico da obra e concluindo que tanto o céu quanto o inferno encontram-se no mesmo lugar, "é tudo por aqui". Nas duas últimas estrofes elogia a inteligência e o carisma dos dois sertanejos mais conhecidos no Brasil e no mundo:

> Agora, caro leitor,
> Por favor, preste atenção
> E não se iluda, pois este
> Livrinho é de ficção.
> Até porque quem morreu
> Está debaixo do chão.
>
> Se existe céu e inferno
> Eu não sei, pois nunca vi.
> Só sei que após muito estudo
> E pesquisas, concluí.

Que esse negócio de inferno
E céu, tudo é por aqui.

Seca, fome, violência,
A meu ver, isso é inferno.
O céu que conheço é
Um ano bom de inverno!
Paraíso é ver fartura,
Amizade, amor fraterno...

Mas eu gostei de falar
De padre Cícero Romão
E Virgulino Ferreira
O popular Lampião,
Dois sujeitos carismáticos
Que foram reis no sertão.

Não poderíamos concluir essa seção sobre Pe. Cícero sem abordar algumas obras que versam sobre os milagres atribuídos a ele. Para ter uma dimensão aproximada da quantidade de milagres que a crendice popular credita ao "Padrim" basta ir à Casa dos Milagres ou à Colina do Horto em Juazeiro do Norte, e se defrontar com milhares de objetos – de fotografias a ex-votos – símbolos de graças alcançadas, deixadas pelos romeiros, como forma de agradecimento. Os milagres são de gêneros variados, vão desde a cura de uma enfermidade, até a libertação de algum tipo de vício, como o alcoolismo; desde a realização de um bom casamento, até a alegria de ter de volta os parentes que tempos atrás haviam migrado para o Sudeste do país.

Contudo, o milagre mais importante continua sendo aquele protagonizado pela beata Maria Araújo que, na hora da comunhão, ao receber a hóstia das mãos do Pe. Cícero, "imediatamente" se transformava em sangue e era recolhida em toalhas (panos) que mais tarde virariam alvo de devoção e incitava peregrinações. Maria Magdalena do Espírito Santo de Araújo, nascida no povoado de Juazeiro no dia 23 de maio de 1863, filha de camponeses pobres, cedo aprendeu a fiar o algodão e a confeccionar bonecas de pano que eram vendidas para ajudar a aumentar a renda familiar. Aos vinte e dois anos, após um seminário preparatório, veste pela primeira vez o hábito de beata e passa a residir na casa do padre, auxiliando-o nas obras assistenciais.

Tanto sua personalidade quanto sua saúde foi alvo de inúmeras conjecturas. Se fora tuberculosa, hemofílica ou histérica não temos como provar, porém, sabemos que a beata apresentava episódios de transe, êxtase e estigmas (suava sangue e apresentava chagas pelo corpo), o que levou a parapsicóloga Maria do Carmo Pagan (1991) a concluir que Maria "não foi uma embusteira [...]. Ela foi mística no sentido nobre da palavra, como também foram São Francisco, Tereza D'Ávila, João da Cruz [...]." Quatro hipóteses tentam dar conta do fenômeno "comunhão ensanguentada": a primeira é apoiada pelo "Padrim" e pelos médicos que fizeram o primeiro exame concluindo como evento de natureza miraculosa; a segunda, defendida pela igreja oficial, aponta o acontecido como fruto de superstição, fanatismo e abuso à "Santa Eucaristia"; a terceira foi apresentada pelo Pe. Antonio Gomes de Araújo, e classifica o fato como um embuste patrocinado pelo Prof. José Marrocos em conivência com a beata; e, finalmente, a quarta posição que foi inicialmente levantada pelo Dr. Júlio César da Fonseca, qualificando o caso como fruto da influência do psiquismo sobre o organismo, um fenômeno psicossomático e psicopatológico.

No programa Fantástico da Rede Globo de Televisão, exibido no dia 29 de abril de 2007, a polêmica dos panos ensanguentados ressurge de forma surpreendente, até porque se pensava que todos eles teriam sido queimados pelos padres do Seminário do Crato, em mais uma – das incontáveis – tentativa de acabar com o fanatismo religioso na região, que culminou com a destruição do túmulo e o desaparecimento dos restos mortais da beata, por ordem do Bispo do Crato em 22 de outubro de 1930. Nas poesias biográficas, esse fato é sempre lembrado pelos poetas. Entretanto, há aqueles que dedicaram poesias inteiras ao fenômeno, entre estes poetas incluem-se: José Pereira da Silva (Zeca Poeta) e João Bandeira de Caldas.

O poeta pernambucano José Pereira da Silva escreveu um folheto de oito páginas, com vinte e oito setilhas de rima ABCB-DDB, intitulado Passados do meu Padrinho: Beata Maria de Araújo, Juazeiro do Norte – CE. Nele, é contada, a partir do ponto de vista jornalístico – a matéria inspiradora teria sido publicada no jornal O Globo de nove de novembro de 1970 – a história da "comunhão ensanguentada":

> Hoje eu amanheci inspirado
> porque não amanheci sozinho

me inspirei no jornal
e nos romeiros em caminho
de todo Nordeste inteiro
que visitam Juazeiro
e respeitam meu padrinho.

Eu escrevi esta história
baseados nos jornais
para mostrar aos romeiros
fatos e tempos atrás
pelos jornais foi contada
a história é baseada
Toda em fatos legais.

....

Pela mão do padre Cícero
ela a hóstia recebeu
quando ela fechou a boca
o seu corpo estremeceu
apareceu uma luz
e no sangue de Jesus
a hóstia se converteu.

O ponto alto dessa narrativa é a ênfase colocada pelo poeta no impacto causado na população, e aí ele vai além do material colhido nos jornais, para basear-se nas fontes orais, principalmente nos relatos do próprio Pe. Cícero:

A comunhão ensanguentada
abalou todo sertão

das terras do Cariri
foi a outra região
começou pelo Agreste
se espalhou pelo Nordeste
chegou a toda nação.

Com o milagre da beata
muita gente ali chegava
pois queriam ver de perto
a história que contava
grande milagre continha
pois os romeiros que vinha
muitos deles até ficava.

....
Pra visitar a beata
vinha gente todo dia
muitos romeiros a pé
era linda a romaria
cantando pelo caminho
com a bença de meu padrinho
e conversar com Maria.

Nas estrofes finais, o poeta levanta outra questão que, para a Igreja Católica, foi o estopim mobilizador da reação que culminou com a destruição dos "santos panos" e, mais tarde, do túmulo da beata na Capela do Socorro, acelerando desse modo, a santificação da beata, que ao lado do Padrim abençoa e dá paz aos romeiros. A conclusão do poeta é que o milagre da hóstia foi operado pela Senhora das Dores, padroeira do Juazeiro. Ele termina sua poesia agradecendo a Deus, aos beatos, ao povo do Juazeiro e aos romeiros e sugerindo aos céticos que rezem em vez de criticar:

> Juazeiro terra benta
> de oração e de amores
> foi na capelinha santa
> pra onde se leva flores
> que a beata recebeu
> e a hóstia se converteu
> foi obra da mãe das Dores.
>
> Obrigado aos romeiros
> por me dar inspiração
> muito obrigado a beatos
> por sua santa benção
> obrigado ao povo do Juazeiro
> de receber os romeiros
> do padre Cícero Romão.
>
> Muito obrigado a meu Deus
> de sempre está ao meu lado
> eu escrevi para o mundo
> um caso que foi narrado
> se não quer acreditar
> reze em vez de censurar
> ou me chamar de culpado.

Como assinalamos anteriormente, a história do Pe. Cícero por si constitui um ciclo temático na Literatura de Cordel nordestina. Para concluir essa breve apreciação de sua história, como mote privilegiado, em níveis de construção textual, não poderia faltar o cordel do poeta paraibano João Bandeira de Caldas. Em sua poesia intitulada "A queimação dos panos ensanguentados da hóstia e depoimento do Pe. Antonio Vieira", composta por trinta e duas setilhas setessilábicas, ele constrói seus versos tomando como mote a destruição dos "santos panos" por ordem do Bispo D. Francisco de Assis Pires. A poesia de Caldas é apoiada pelo relato do Pe. Antonio Vieira, que confessou para um jornalista ter incendiado as "relíquias" ao lado dos padres Raimundo Augusto e Francisco Limeira. O fato sacrílego para um poeta devoto é que, ao queimar os "santos paninhos", o clero reedita o calvário de Jesus Cristo, pois a crença na transubstanciação afirma que o corpo e o sangue de Cristo estão presentes no sacramento da comunhão:

> Dia 30 de setembro
> do ano de quarenta e nove
> ás dez horas da manhã
> coisa que ainda comove
> por detrás do Seminário
> fizeram novo calvário:
> queimaram Cristo, há quem prove.
>
> Lá sepultaram as cinzas
> daqueles panos queimados
> foi uma queima de acervos

que ficaram sepultados
no Seminário do Crato
local do histórico fato
há esses anos passados.

O Padre Antonio Vieira
num relato verdadeiro
publicado num jornal
dito pro Brasil inteiro
ele com mais três vizinhos
incendiaram os paninhos
do Milagre do Juazeiro.

O Padre Raimundo Augusto
foi o que leu o mandato
de Dom Francisco de Assis
Pires, o Bispo do Crato
Padre Francisco Limeira
e Padre Antonio Vieira,
sim, realizaram o ato.

Na continuação da poesia Caldas constrói argumentos que tentam rebater as acusações dos opositores do milagre. Para tanto, ele utiliza ilustrações bíblicas, para situar, historicamente, o afastamento do homem de tudo que é sagrado e misterioso, em sua relação com Deus e, fato curioso, a certeza que o poeta manifesta na veracidade do milagre é tão contundente, que aquilo que ele mais lamenta é que, com a destruição dos panos, a ciência – notória rival dos fenômenos supersticiosos da religião – não vai poder provar essa teofania ocorrida em Juazeiro:

> O homem sempre atrapalha
> os trabalhos que Deus quer
> realizar pelo homem
> no lugar que ele estiver
> isso se deu com Adão
> no tempo da criação
> que optou pela mulher.
>
> Como no caso daqui
> essa tristeza se deu
> que Deus quis manifestar-se
> a igreja não entendeu
> a confusão começou
> o Padre Cícero pagou.
> O Juazeiro, sofreu.
>
> Se os panos eram mistérios
> e o bispo não entendia
> e como não entendesse
> queimá-los não deveria
> e pisando mais seguro
> deixasse para o futuro
> que a ciência explicaria

Nos últimos versos, o poeta nos mostra que a "afronta" promovida pelo clero do Crato, ao incendiar os "santos paninhos", ainda que possa ter tido alguma influência negativa no âmbito da fé, da conversão e da penitência, não foi capaz de acabar com a devoção ao Padrinho nem com as romarias, que crescem a cada ano, e transformam Juazeiro do Norte no maior centro da religiosidade popular do país:

A queima desses paninhos
foi uma afronta ao Juazeiro
foi um abalo na fé
do humilhado romeiro
e na esperança também
que o bom sertanejo tem
no Filho do Carpinteiro.

Foi uma falta de estímulo
também pra religião,
na penitência do pobre
e no rico a conversão
com certeza um atrapalho
embaraçando o trabalho
do Padre Cícero Romão.

Um esbarrar na piedade
do paciente romeiro,
uma repressão à beata
que sofreu o tempo inteiro,
apesar de tudo isto
o povo não deixa Cristo

nem abandona Juazeiro.

Com a poesia de João Bandeira de Caldas, encerramos este tópico sobre essa figura ímpar para a poesia popular nordestina, lembrando que, pelo fato de o Pe. Cícero constituir um ciclo temático na Literatura de Cordel, muita coisa foi deixada de lado em nossa análise, cujo objetivo é realizar um exame da permanência do ciclo místico-religioso no Cordel, em níveis de construção textual e não apenas do santo do Juazeiro. Os devotos espalhados pelo Brasil esperam ansiosos pelo dia em que a igreja oficial reabilite e canonize o Padrinho, mas, para a maioria dos poetas de cordel – e dos romeiros, naturalmente – essa é uma questão de somenos importância, pois o que define a santidade para o devoto não é o atestado de Roma, mas a história de uma vida dedicada a Deus e ao próximo. Por tudo isso, o romeiro faz coro com o poeta Cícero Wilson da Silva, quando diz:

> Padre Cícero é nosso irmão
> e eu sou afilhado
> eu peço sua benção
> para ser abençoado
> o padre Cícero Romão
> hoje no meu coração
> já esta canonizado.

CAPÍTULO 4

FREI DAMIÃO DE BOZANNO

> Frei Damião, meu bom frei Damião, eu
> sou nordestino eu estou pedindo a sua
> benção. Luiz Gonzaga

Pio Giannotti – que mais tarde viria a ser conhecido como Frei Damião de Bozzano – nasceu a cinco de novembro de 1898, em Bozzano, no norte da Itália, filho dos camponeses Félix e Maria Giannotti. Frei Damião começou a estudar religião aos 12 anos de idade, na Escola Seráfica de Camigliano e, em maio de 1914, ingressou na Ordem dos Capuchinhos (Convento de Vila Basílica), onde recebeu o hábito religioso. Aos 19 anos, foi convocado para o Exército italiano e teve de abandonar os estudos religiosos. Frei Damião foi soldado por mais de três meses e, durante a Primeira Guerra Mundial, ficou acampado em Zara, zona disputada pela antiga Iugoslávia e a Itália. No dia 25 de agosto de 1923, foi finalmente ordenado sacerdote, na Igreja de São Lourenço de Brindsi, em Roma.

Em 1931, deixou a Itália e, após breve estadia no estado do Rio de Janeiro, rumou diretamente para o Convento dos Capuchinhos no Recife. Desde a sua chegada ao Brasil, Frei Damião se ocupou em pregar missões pelo interior do Nordeste, arrastando multidões para ouvir suas palavras, marcadas por um discurso conservador, com ameaças do fogo do inferno para os pecadores, o que lhe rendeu vários atritos com representantes da chamada "igreja progressista".

Morreu no Recife, a 31 de maio de 1997, depois de passar vinte e cinco dias internado no Hospital Português, com graves problemas de insuficiência respiratória. O governo de Pernambuco e a prefeitura do Recife decretaram luto oficial por três dias. Seu corpo foi embalsamado, velado durante três dias na Basílica da Penha e no Estádio do Arruda, no Recife. Ao seu sepultamento, no Convento dos Capuchinhos, bairro do Pina, também no Recife, compareceram milhares de fiéis e várias autoridades, entre as quais o vice-presidente da República Marco Maciel, representando o presidente Fernando Henrique Cardoso; o governador Miguel Arraes; inúmeros vereadores, deputados e senadores; e o ex-presidente da República Fernando Collor de Melo. Durante o velório, um devoto politizado ostentava um cartaz com os seguintes dizeres: "livrai-nos Frei Damião dos políticos ladrões oportunistas"; talvez mandando um recado aos ilustres presentes à solenidade.

Para a grande maioria dos devotos do Pe. Cícero Romão Batista, o frade franciscano Frei Damião, é tido como seu sucessor na missão evangelizadora e salvadora das gentes do interior do Nordeste e, mesmo antes de sua morte, ocorrida em 1997, já ocupava lugar de destaque nas páginas dos folhetos de Cordel dos poetas nordestinos ao lado do Padre do Juazeiro. Foram muitos os poetas que deixaram registrados em seus folhetos a crença de que o frade capuchinho seria o sucessor legítimo do Pe. Cícero, como se pode constatar nesses versos do poeta alagoano Rodolfo Coelho Caval-

cante, em seu folheto "Frei Damião – O Missionário do Nordeste",
de 1976:

> Desde que o padre Cícero
> do Juazeiro morreu,
> no Nordeste brasileiro
> outro vulto apareceu.
> O evangelho anunciando
> e aos romeiros curando,
> de acordo com o modo seu.
>
> Nos Estados nordestinos,
> da Bahia ao Maranhão,
> ele sempre, aparece
> fazendo santa missão.
> Um frade já bem velhinho,
> seguindo o mesmo caminho
> do padre Cícero Romão.
>
> Trata-se de Frei Damião,
> de porte simples, sereno,
> com uma batina velha,
> de estatura: pequeno
> Pelas cidades pregando,
> ao povo anunciando,
> como Jesus Nazareno

Outro poeta que partilha dessa opinião é o caruaruense Olegário Fernandes da Silva, que em seus versos, no livreto "Conselhos e sermão de Frei Damião", procura descrever o ato solene da sucessão:

> Sabemos que o Padre Cícero
> Foi um grande conselheiro
> Tinha boas intimidades
> Com nosso pai verdadeiro
> Por esse meio remia
> Todas classes de romeiros
>
> No ano de 34
> Fez sua separação
> Alguém diz que ele morreu
> Porém eu digo que não
> Fez entrega dos romeiros
> Nas mãos de Frei Damião

Iniciaremos nossa análise acerca da importância dessa ilustre personagem da poesia de Cordel, examinando o livreto do poeta potiguar Zé Saldanha (José Saldanha Menezes Sobrinho), intitulado "Nascimento, vida e morte do Frade Frei Damião", publicado em 1997, no Rio Grande do Norte. Zé Saldanha, nascido em 23 de fevereiro de 1918, transitou em todos os gêneros do Cordel – cangaço, humor, pelejas e romances - e no gênero que nos interessa – o místico e religioso – ele escreveu alguns folhetos de grande repercussão, como por exemplo: "O sonho do Padre Cícero ou a voz da Profecia", "A moça que ganhou a aposta com o diabo", "A moça que foi ao inferno em sonho", "A genealogia de Cristo" e "Nascimento e Vida Sacerdotal de Frei Damião de Bozzano", cuja primeira edição data de abril de 1960.

O livreto "Nascimento, vida e morte do Frade Frei Damião", publicado em 1997, logo após o falecimento do frade franciscano, é composto de trinta e cinco estrofes, com sete versos (sete pés), rimados em seqüência ABCBDDB. Saldanha inicia o poema anunciando o seu sentimento de pesar e o estilo da narrativa a ser adotado, no caso, o jornalístico, tanto que o poeta convida o leitor-ouvinte a assistir o que vai ser apresentado:

> Peço atenção dos leitores
> Sentindo muita emoção;
> Para assistirem um momento
> Muito digno de atenção
> Vou narrar neste repórter
> Nascimento, vida e morte
> Do nosso Frei Damião

Na segunda estrofe, o poeta utiliza o recurso típico das narrativas heroicas: o nascimento do herói é sempre sinalizado por alguma manifestação sobrenatural ou mística, já prevendo um futuro diferente, assinalando uma característica especial que o diferenciará dos demais mortais:

> Em dezoito noventa e oito
> Como está escriturado;
> A cinco dias de novembro
> O astro amanheceu mudado
> De aspecto risonho e santo

Uma nuvem em forma de manto

E com um frade retratado

Na terceira e quarta estrofes, o poeta descreve rapidamente a família e acontecimentos da infância do Frade – escola onde estudou, desenvolvimento da vocação etc. – culminando com sua adesão à ordem dos capuchinhos, sua participação na I Grande Guerra e na volta, a ordenação como sacerdote:

Continuou com amor

Estudar com vocação;

Em maio do ano quatorze

Ingressou com perfeição

Na ordem dos capuchinhos

Que mudaram com alinhos

Seu nome pra Damião

Em dezenove dezoito

Aos seus dezenove anos

Foi convocado ao exército

Dos reforços italianos

Pelas trincheiras de guerra

Em defesa de sua terra

Batalhou mais de três anos

No fim da guerra voltou

Com seu pensamento ditoso;

Continuou estudando

Seu culto religioso

Em vinte e três teve o dote
De formar-se em sacerdote
Seu destino primoroso

No dia cinco de agosto
Do ano de vinte e três
Ele ordenou-se em Roma
Com bonita sensatez
Como um apóstolo de Cristo
Tornou-se forte e benquisto
Nos juramentos que fez

Nas estrofes acima, e nas subsequentes, observamos o cuidado com as datas e eventos, como se o poeta tentasse mostrar ao leitor-ouvinte o desenvolvimento cronológico de uma vocação à santidade, destino primoroso já anunciado pelo sinal miraculoso da nuvem em forma de manto, com um retrato de frade que surgira no dia de seu nascimento.

Nas estrofes seguintes, o poeta descreve a chegada do capuchinho ao Brasil, as vicissitudes de sua missão (deixar a Itália e pregar no sertão nordestino) e o objetivo para o qual estava predestinado: trazer amor, aconselhar, ser o grande doutrinador do nordeste, abrir os caminhos para a libertação do povo oprimido e pregar a Santa Missão.

Em maio de trinta e um
O frade Frei Damião
Deixou a Itália e veio
Pregar em nosso sertão

Do nordeste brasileiro
Foi o maior conselheiro
Dessa nossa região

Frei Damião de Bozzano
Veio lá do estrangeiro;
Esse ministro de Deus
Nosso padre mensageiro
Veio nos trazer amor
Foi grande doutrinador
Do nordeste brasileiro

Ele chegou no Brasil
Em forma de penitência;
Se alimentava pouquinho
Vivendo da resistência
Pregando a santa missão
Com o povo em procissão
Com luz e clarividência

Veio da Itália trazendo
Seus amigos capuchinhos;
Padres, santos, conselheiros,
Para abrir nossos caminhos
Pregando as santas missões
Com os fiéis em procissões
Ouvindo os sermões de alinhos

O autor prossegue sua narrativa poética – biográfica – descrevendo a chegada do frade ao Rio de Janeiro, sua posterior transferência para Pernambuco e o início das "Santas Missões" em Gravatá e depois Pesqueira, para daí em diante espalhar-se por todo o Nordeste do Brasil. O tom biográfico da narrativa vai ser alterado nas estrofes dezenove e vinte e um. Na primeira, o poeta compara Frei Damião a João Batista que, de acordo com o relato bíblico – o primeiro capítulo do evangelho de Marcos – era conhecido como a "voz que clama no deserto", pregando o arrependimento dos pecados, enquanto preparava o caminho para a chegada do Salvador Jesus Cristo:

> Frei Damião nas missões
> Forte, destemido e alerta;
> Um enviado de Deus
> Pregando o roteiro certo
> A sua missão prevista
> É mesmo ver João Batista
> Pregando a voz do deserto

Mais adiante, o Franciscano é comparado ao próprio Jesus Cristo, fato comum na literatura de Cordel, que nesse ponto faz eco à voz das populações pobres do interior do Nordeste, para quem essas figuras carismáticas, (Antonio Conselheiro, Pe. Cícero e Frei Damião) são igualadas a Deus, sem que isso constitua – pelo menos para elas – uma heresia do ponto de vista teológico:

> Frei Damião na igreja
> Dando assistência à plateia;
> E depois na procissão

Com sua teodiceia
Com seu sistema benquisto
É mesmo estar vendo Cristo
Pregando na Galileia.

As comparações realizadas pelo poeta, que traduzem o pensamento dos fiéis e romeiros, não são irrelevantes ou meros recursos retóricos. Há uma semelhança entre as lideranças messiânicas surgidas no Nordeste brasileiro – de Antonio Conselheiro a Frei Damião – com os santos homens da Bíblia, como o profeta Elias, o nazireu João Batista, os apóstolos Pedro e Paulo e até mesmo Jesus Cristo. Todos eles pregaram no deserto, enfrentaram a pobreza material e espiritual de uma classe oprimida, foram perseguidos pelos poderes constituídos e anunciaram um reino nos céus, que ia além das limitações geográficas, seja na Galileia ou no semiárido nordestino. Nas estrofes acima o frade franciscano é descrito inicialmente como forte, destemido e alerta e, nos versos seguintes, como "um enviado de Deus que prega o roteiro certo", ou seja, uma síntese das características apontadas pela Bíblia – no evangelho de Marcos – acerca do caráter de João Batista, que se alimentava de gafanhotos e mel silvestre e era radical em suas pregações, principalmente em relação à moral, atividade que o levou à prisão e, posteriormente, à morte.

O poeta Saldanha conclui sua narrativa descrevendo em detalhes os últimos momentos da vida do frade capuchinho, desde o momento da internação – destacando o estado de saúde e os cuidados médicos – até seu sepultamento, sem esquecer o destaque dado

pela mídia e, é claro, dos aspectos místicos que também estiveram
presentes em sua morte:

Ele em estado de coma

Tinha vivo o coração;

Os médicos observavam

Funcionar seu pulmão

Sua matéria dormia

Enquanto o espírito fazia

Uma pura ligação

Trinta e cinco mil pessoas

Ao enterro compareceram;

E o grande número de padres

Que ali permaneceram

A missa de corpo presente

Deixou mais lembranças à gente

Nossas saudades cresceram

Foi grande o número de gente

Na mais completa emoção

Que visitaram o velório

Do frade frei Damião

Os transportes eram lotados

Gente de todos os estados

De carro e de avião

A trinta e um de maio

Noticiavam os jornais;
Frei Damião faleceu
Agora não volta mais
Aquele vulto varonil
Que doutrinava o Brasil
Com amor, carinho e paz

Uniu-se aos capuchinhos
Em maio de quatorze; em seguida,
Em maio de trinta e um
Fez viagem destemida
Para o Brasil que compete
Em maio de noventa e sete
Partiu para outra vida.

Só quem presenciou uma das "santas missões" e viu a grande quantidade de pessoas que afluíam dos mais diversos pontos do Nordeste para ouvir a pregação do frade Capuchinho, pode ter em mente a dimensão exata da liderança carismática desse homem de baixa estatura e disciplina férrea. Tal qual João Batista, ele também submetia seu corpo a duras provações: longas caminhadas sob o sol causticante do sertão, ouvir em confissão centenas de peregrinos, pregar de pé por longas horas, dormir tarde – tendo por travesseiro um tijolo – e acordar cedo. Na poesia de Cordel essas características não passaram despercebidas. O poeta do Juazeiro, Abraão Batista, destaca em seu livreto "Proibição do Bispo do Crato contra Frei Damião e o porquê" as características apontadas acima:

Me mostrem um padre que
Faz igual a Frei Damião
Se mistura com a pobreza
No meio da multidão
Andando nas brenhas secas
Do mais profundo sertão?!

Me mostrem o padre que
Se levanta de manhãzinha
E se deita tarde da noite
Sem se saber donde vinha,
Me mostre, na sua idade
Quem a sua coragem, tinha?!

Como já assinalamos acima, uma das principais características das pregações do Frei Damião era seu matiz moralizante e conservador. Os poetas são unânimes em representar nos seus folhetos esse traço singular das prédicas do monge capuchinho – mesmo que essa fidelidade aos conteúdos os afaste de uma verdadeira experiência literária e os aproxime mais de uma narrativa jornalística. Nesse ponto, sua semelhança a João Batista é incontestável, o pregador galileu exortava o povo a levar uma vida afastada do pecado, arrependendo-se, batizando-se e comprometendo-se a abandonar todo o mal representado pelos vícios, pelo apego aos prazeres carnais, pelos crimes e pelo adultério. Para Frei Damião, chamar os pecadores à conversão e os afastados da Igreja Católica Romana, aconselhando-os em questões de moralidade, era o objetivo principal de suas pregações.

No livreto "Conselhos e Sermão de Frei Damião", o poeta Olegário Fernandes constrói sua narrativa poética a partir daquilo que testemunhou, como ouvinte de uma "Santa Missão", realizada em Juazeiro do Norte:

> Agora no Juazeiro
> Eu ouvi Frei Damião
> Aconselhando ao povo
> Botando a santa benção
> Tirando do caminho do mal
> E mostrando a salvação

Um aspecto subliminar dessa prédica moralista e conservadora, muito interessante do ponto de vista psicossociológico, presente na cosmovisão do sertanejo e captado pela escritura do poeta, é a correlação estabelecida entre as dificuldades da existência e a desobediência aos mandamentos divinos. Essa concepção veterotestamentária da relação Homem-Deus foi absorvida pela população carente do interior nordestino e foi cantada pelos poetas. Dessa forma, a dor, a fome, a carestia, a seca e os demais infortúnios do viver seriam um castigo, consequência do pecado e da transgressão de homens e mulheres que insistem em se separar de Deus. O poeta Olegário assim expressa essa crença:

> Meus filhos quêde a fartura
> Que havia a anos atrás
> Quando o pecado era menos
> A religião era mais
> Hoje a falta do capim
> Morre os próprios animais

Porque a anos atrás
Amavam a Virgem Maria
E hoje só dão valor
A samba, moda e orgia
Por isso está castigado
De peste, fome e carestia.

Por isto Frei Damião pede
Por nosso Deus Poderoso
Com os joelhos sobre a terra
E os olhos lacrimosos
Para o pessoal sair
Deste caminho horroroso.

Por isso Frei Damião pede
Pela hóstia consagrada
Pelo sofrer de Jesus
Lá nas horas amargurado
Para o pessoal sair
Dessa estrada tão errada.

Porque ninguém não deixando
Terá que ser castigado
Veja que essa carestia
Tem apertado um bocado
Todo dia que se passa
Ficando mais apertado.

Depois de pedir para que os fiéis abandonem o caminho horroroso e a estrada errada por onde caminha, Frei Damião vai surgir na pena do poeta como intercessor entre Deus e os homens, não mais como João, o Batista, mas como Moisés, que intercedia junto a Deus pelo povo hebreu de "dura cerviz", que relutava em aceitar e seguir aos mandamentos, e que, na menor dificuldade, recaía na idolatria de sua herança egípcia. A única diferença aqui é que o frade não se dirige diretamente a Deus, mas à Virgem Maria, devoção extremamente forte no catolicismo popular, disseminada por todo território brasileiro:

> Frei Damião ainda apela
> Pra Virgem da Conceição
> Fazendo suas penitências
> Rezando sua oração
> Pra ver se pode obter
> Para esse povo o perdão.

E, para chamar esse povo nordestino, também de "dura cerviz", ao abandono da estrada do erro e do pecado, nada melhor que o aconselhamento insistente, permeado pela ameaça do fogo do inferno. Os principais temas de cunho moral – recorrentes no discurso do frade de Bozzano – e presentes na obra olegariana dizem respeito à prática da caridade, à submissão aos pais, à sexualidade (fornicação e adultério) e à obediência aos mandamentos da Igreja Católica Romana:

> Meus filhos deixe o pecado
> E ame a religião
> Peça talento a Jesus

E a Virgem da Conceição
Faça esmola e caridade
Quem pede é Frei Damião

Filho desobediente
Não pode ser perdoado
Quem maltrata pai e mãe
É triste o seu resultado
É abraçado do maldito
É de Jesus abandonado

Aí tem moça solteira
Namorando homens casados
Ao ver deixa o solteiro
Faz um papel desgraçado
Essa perdeu o direito
Do Jesus sacramentado

Mulher que é falsa ao marido
Essa não sabe o que faz
Desmantela todos os planos
Em todas misérias cai
Seu espírito é miserável
Sua alma é de satanás

Aviso aos meus romeiros
Que não caia no engano

Vão a missa e se confessem
A nosso Deus soberano
Porque nós temos uma guerra
Daqui para o fim do ano.

Fiéis e romeiros veem no Frade franciscano não apenas o religioso preocupado com a salvação de suas almas do fogo da perdição, mas um santo homem, que tal qual seu antecessor direto – o Pe. Cícero Romão Batista – era também profeta. O profetismo é inerente a qualquer movimento religioso, desde as antigas religiões politeístas da Mesopotâmia, Egito, Pérsia e Grécia, passando pelas religiões monoteístas dos Judeus e Árabes. No Judaísmo – que nos interessa mais de perto por ter servido de base ao Cristianismo – o movimento profético foi decisivo para a consolidação do monoteísmo, como religião, e do Estado de Israel como nação. Antes que Israel viesse a ser um reino, no tempo dos juízes, existiam espalhadas pelas aldeias de Sião inúmeras "escolas de profeta", para que Israel não ficasse sem comunicação direta com Deus. A importância do profetismo na vida do povo Judeu pode ser inferida a partir da relevância ocupada pelos escritos proféticos no cânone da Bíblia.

Não se pode conceber o profetismo dissociado da vida da comunidade, pois a mensagem profética é dirigida ao povo, e é ao povo que o profeta é enviado, com o propósito de recordar aos homens e mulheres as exigências do Reino de Deus e exortá-los a seguir pelo caminho correto que leva à salvação. Como um homem que teve uma experiência profunda e imediata com Deus, ele trás para seus contemporâneos uma mensagem que se refere ao presente e ao futuro. Não é um simples adivinho, mas, um intérprete de Deus que, de acordo com o comentário da Bíblia de Jerusalém sobre o profetismo: "transcende o tempo, e suas predições vêm confirmar e prolongar suas pregações".

Mais uma vez, a semelhança entre a atividade dos profetas bíblicos do Antigo Testamento com os profetas do Sertão nordestino pode ser assinalada: ambos, em suas pregações às populações pobres, oprimidas e dispersas em termos de fé e território, preocupam-se em conferir-lhes um sentido de identidade e santidade. Dessa forma, os profetas veterotestamentários – Daniel, Elias, Ezequiel, Isaias, Jeremias, todos os profetas chamados "menores" até João Batista – ressurgem no interior do Nordeste nas figuras de Antonio Conselheiro, do Pe. Cícero e de Frei Damião.

Na Literatura de Cordel, a atividade profética do monge capuchinho assume um tom nitidamente apocalíptico, como se observa no livreto "A Profecia Sagrada do Frade Frei Damião", de Antonio Ferreira da Silva, que inicia a narrativa poética pedindo que a mensagem a ser transmitida seja guardada no coração:

> Caros ouvintes leitores
> Atenção muita atenção
> Quem for católico romano
> Guarde no seu coração
> As palavras deste livro
> Ditas por frei Damião.

Nas estrofes subsequentes, o poeta alerta para a proximidade do fim dos tempos, seguindo uma tradição que é regra nos cordéis apocalípticos que parecem ser derivados dos sermões escatológicos de Jesus, no Evangelho de Mateus (24: 6-8): "Ouvireis falar de guerras e de rumores de guerras. Atenção; que isso não vos perturbe, porque é preciso que isso aconteça. Mas ainda não será o fim. Levantar-se-ão nação contra nação, reino contra reino, e haverá fome, peste e grandes desgraças em diversos lugares. Tudo isto será apenas o início das dores". No Evangelho de Marcos (13:11-13), também encontramos uma versão – a mais antiga talvez – do episódio conhecido por "princípio da dores": "Quando, pois, vos conduzirem para vos entregarem, não estejais solícitos de antemão pelo que haveis de dizer [...]. O irmão entregará à morte o irmão, e o pai, o filho"; e no Evangelho de Lucas (21:25-28): "Haverá sinais no sol, na lua e nas estrelas. Na terra a aflição e a angústia apoderar-se-ão das nações pelo bramido do mar e das ondas. Os homens definharão de medo, na expectativa dos males que devem sobrevir a toda a terra. As próprias forças do céus serão abaladas".

Outras fontes que, certamente, contribuíram com os poetas na construção de suas narrativas, podem ser encontradas nas lendas oriundas dos chamados evangelhos apócrifos e pseudoepígrafos que foram incorporados à tradição da Igreja Católica Romana e das profecias do próprio livro do Apocalipse, ouvidos nas missas domingueiras e nas prédicas do frade capuchinho:

> Frei Damião nos avisa
> Que estamos no fim da hera
> Precisamos se livrar
> Dos laços da besta-fera
> Ele já está no mundo
> Fazendo estragos de vera

A muitos anos o povo
Deixou de marchar em frente
Da pra vocês entenderem
Como esta diferente
Pra todo acerto de conta
Tem poucos anos somente

Vejam quantos anos faltam
Para completar 2 mil
Daqui pra lá vai se ver
Coisas estranhas no Brasil
Como nos outros países
Sendo atacado sutil

Está se cumprindo tudo
Da profecia sagrada
O que a bíblia relata
Não está faltando nada
Já está tudo no fim
Sua data foi chegada.

Mais adiante, e ainda seguindo a tradição dos relatos apocalípticos, o poeta passa a descrever os sinais que apontam para a chegada do fim. Sempre em consonância com a escritura bíblica, com a tradição oral, e pincelada das tragédias cotidianas que abundam nos jornais e telejornais, seus versos vão construindo uma imagem do caos de nossa história presente, indicando os aspectos sintomáticos de cada acontecimento:

A muitos anos os sinais
Vem a todos demonstrando
Se cumprindo o que foi dito
As profecias provando
A porca no parafuso
Cada vez mais apertando

Desastres, crime e assaltos
Sequestro todos os dias
Fome, peste, seca e guerras
Doenças e epidemias
Isto é pra se cumprir
As sagradas profecias

Governo contra governos
Nação contra nação
Os pais desonrando as filhas
Irmão matando irmão
Irmão desonrando irmã
Sem a Deus pedir perdão

Genro matando sogro
Mulher matando marido
Filho transa com a mãe
Como um desconhecido
Ninguém tem religião
Nosso mundo está perdido

> A mãe matando os filhos
> Sem ter dó nem compaixão
> Quando não matam vendem
> Se vê na televisão
> Político com pai de santo
> Para ganhar eleição.

A estrofe abaixo é um exemplo dessa inserção dos temas cotidianos no âmago das profecias bíblicas. Sabe-se que na antiguidade também aconteciam roubos e assaltos, mas a referência feita à prostituição infantil coloca a escritura poética além das profecias, pois, quando o poeta acrescenta mais esse problema do nosso mundo atual, como um sinal dos fins dos tempos, ele alia a crítica social – feita sob a forma de denúncia – à escatologia:

> Roubo e assalto é de mais
> Crime e presos nos quartéis
> Meninas quase crianças
> Perdidas nos cabarés
> E o satanás não para
> De iludir os fiéis.

Uma constante nos sermões de Frei Damião era a vinculação da fidelidade dogmática aos sacramentos da Igreja Católica Romana como único recurso para a salvação. Desse modo, ir à igreja, rezar, confessar-se e aceitar Jesus estariam em oposição àquilo que era tão caro as festividades do catolicismo popular, em que há muita dança, muito fumo, muita bebida e muito jogo:

> Ninguém quer ir a igreja
> Rezar ou se confessar

> Não quer aceitar Jesus
> Para poder se salvar
> Só quer dá valor a dança
> Fumar, beber e jogar.

Após o anúncio das catástrofes sociais que prenunciam o fim, o poeta se esmera em construir um quadro de horrores, gerado pela fúria dos fenômenos da natureza – vulcões, terremotos, secas e inundações – ainda mais forte que o do evangelista e chama-nos a atenção uma triste ironia: um povo que enfrentou ao longo de sua vida e de sua história a aridez do solo e a falta d'água irá perecer numa grande inundação que, semelhante ao Dilúvio narrado na Bíblia, porá fim a toda espécie de vida na face da terra:

> Vulcão e tremor de terra
> Isto é o que mais se ver
> Lugar que chove de mais
> Outro lugar sem chover
> Causas semelhantes a estas
> Inda vai aparecer
>
> As chuvas inundam a terra
> E dando o conhecimento
> Faltando chuva para
> Ouvir do povo o lamento
> Que só se chamar por ele
> Na hora do sofrimento.

Depois de ter apresentado todos esses sinais como prova inconteste da proximidade dos acontecimentos do Apocalipse, o poeta – assim como o profeta - conclama o povo a acreditar nas profecias e a realizar uma mudança de vida: voltar à religião e ao santo caminho apontado por Frei Damião:

> Meus irmãos ouçam os conselhos
> Do Frade Frei Damião
> Que sempre diz a verdade
> Falando no seu sermão
> Aconselho o povo que
> Fujam da rebelião
>
> Resta um pouquinho de anos
> Para tudo levar fim
> Muitos tem sofrido
> Porque não ouviram a mim
> Como reza as profecias
> Tem que se cumprir assim
>
> Quem não se acertar
> Vai chorar arrependido
> Quem não ouvir meus conselhos
> Vai viver mau dirigido
> Arrependimento tarde
> não serve a desprevenido
>
> Brasileiros e brasileiras
> Guardem este santo aviso
> De recomendar a todos

É o que mais eu preciso
Brevemente eu partirei
Para o santo paraíso

Lembre-se das palavras
Que eu falei no sermão
Ame a Deus e ao próximo
Perdoe ao seu irmão
Faça estes mandamentos
Busque mais a salvação.

Como não poderia ser diferente, as narrativas poéticas sobre a vida do frade franciscano também foram objeto de uma mescla temática, presente desde os primórdios na Literatura de Cordel: a junção do ciclo místico religioso com o ciclo de usos e costumes, com uma pitada de magia e encantamento. Na poesia "A moça que virou jumenta porque falou de Top Less com Frei Damião", de José Francisco Borges escrito na década de 80, podemos apreciar uma crítica bem-humorada à moda do "topless" – cuja prática se disseminou pelo Brasil nesse período – em que uma moça resolve desafiar Frei Damião e recebe um horrível castigo:

Agora em Aracaju
deu-se um exemplo horroroso
com uma moça farrista
de um coração rancoroso
que não gosta de Padre
e nem de Deus poderoso

Os cordéis de natureza sapiencial – que evocam a tradição, os usos e os costumes – insistem na denúncia do comportamento carnal (em oposição ao espiritual) e no abandono da religião, como causas da ira divina e o consequente envio do castigo. Na estrofe anterior, a moça é descrita como farrista, de coração rancoroso e avesso a Deus e à igreja. Na seguinte, há uma reafirmação, pois ela não se confessa, não ora e usa todas as modas que aparecem:

> Nunca foi se confessar
> e nunca fez uma prece
> usava todas as modas
> que neste mundo aparece
> a primeira que usou
> a moda do Top Less
>
> Quando apareceu a moda
> alegrou seu coração
> neste tempo estava havendo
> lá uma santa missão
> e todo mundo ia a igreja
> pra ouvir Frei Damião.

O fato de ter aderido à moda do topless já era suficiente para que ela fosse castigada com as labaredas do inferno, entretanto, é a atitude dela para com Frei Damião e a Santa Missão, com desdém e desrespeito, que é realçada pelo poeta, para justificar o castigo a ser recebido:

> Ela cheia de maldade
> ficou mangando na hora

dizendo eu vou ouvir
aquele velho caipora
usando meu Top-Less
com os dois seios de fora

Nas estrofes seguintes, o poeta assinala um dos pontos mais importantes das prédicas religiosas do frade capuchinho que é desprezada pela moça rebelde, que não acata os conselhos dos pais, em franca afronta ao sexto mandamento da Lei de Deus (Honra teu pai e tua mãe, para que se prolonguem os teus dias na terra que Iahweh teu Deus, te dá):

Os pais lhe aconselharam
filha não faça assim não
nós temos que respeitar
a padrinho Frei Damião
pra se livrar dos castigos
do autor da criação

Mais eu faço é anarquia
daquela barba crespenta
só digo que é poderoso
nesta hera de 80
se ele fazer eu correr
virada numa jumenta.

Frei Damião muito longe
do lugar que ela estava
mas no momento parou

as palavras que pregava
e chamou ela a seus pés
sem ódio e sem ter raiva

Quando ele viu a marmota
que aos seus pés chegou
disse vá vestir a roupa
pra chegar a onde estou
porque isto é uma moda
que a besta-fera mandou

Só acredito em você
se agora eu me transformar
numa jumenta e sair
mordendo quem encontrar
o povo ali se calou
ouvindo ela falar

Frei Damião respondeu
eu não castigo ninguém
diz assim os mandamentos
quem faz o bem tem o bem
quem faz o mal tem o mal
logo seu castigo vem

Ela foi se retirando
e logo que saiu fora

deu um esturro e um rincho
e naquela mesma hora
virou-se numa jumenta
deu 3 popas e foi embora.

A moça desafia a autoridade dos pais, do frade e de Deus, portanto, nada mais justo que ser castigada, para que sirva de exemplo. Aliás, esse é um dos recursos mais utilizados pela poesia de cordel em suas manifestações de caráter ideológico no plano religioso. Porém, nem tudo está perdido, pois Deus é misericordioso, e o poeta, assim como o salmista, para quem "a misericórdia do Senhor é de eternidade a eternidade sobre aqueles que o temem", enfatiza que todo mal ocasionado pela transgressão pode ser aplacado pelo arrependimento. O final é feliz: depois de rondar pelo país transformada em uma jumenta com os "seios de fora", a moça se arrepende, pede perdão ao franciscano, e, ao fim de uma oração, volta ao seu estado natural.

Hoje só veste normal
vai a igreja faz prece
se recomenda a Deus
nada de mal lhe acontece
e não quer ouvir falar
nesse tal de Top Less.

Talvez o mais espantoso de tudo seja o fato de essa história de cordel encontrar pessoas que acreditem na veracidade de sua narrativa, não faltando os "testemunhos" daqueles que conhecem alguém que já tenha visto a moça transformada em uma jumenta, coisas do imaginário popular.

Muitos folhetos foram escritos nessa classificação temática que apela para a natureza "exemplar", salientando as relações de causa-efeito, crime-castigo a ser experimentado por aqueles que desafiam a santidade do frade capuchinho. Nesse ponto, as poesias – que a princípio parecem panfletárias em defesa da fé – destacam-se por sua evidente comicidade, como se pode ver em: "História do protestante que virou um urubu porque quis matar Frei Damião" de Manuel Serafim Ventura, "O homem que rinchou como jumento por zombar de Frei Damião na cidade de União" de Cipriano Batista de Sena, "O jumento que virou gente ou o milagre do Frei Damião" de Franklin Maxado, "A menina que se engasgou cantando a casa de Noca nas missões de Frei Damião" de Manuel Serafim Ventura, "O rapaz que virou bode porque profanou Frei Damião" de José Costa Leite, "O terrível castigo para os ladrões que foram roubar Frei Damião" de Romildo Santos, "O protestante que fez a barba de Frei Damião" de Artur Alves de Oliveira, "O exemplo de um protestante que profanou de Frei Damião" de Antonio Ferreira da Silva, "Exemplo de uma crente que profanou de Frei Damião" de Vicente Vitorino Melo, "A mulher que virou cobra por zombar de Frei Damião" de Pedro Bandeira Pereira de Caldas, "História do protestante que tirou a barba de Frei Damião" de Sebastião Bernardino Silva.

Em outro folheto, do poeta cearense Manoel Caboclo e Silva, intitulado "O homem que deu a luz ao Diabo, no dia que Frei Damião foi suspenso de pregar no Ceará (08/10/1975)", composto por trinta e duas sextilhas com rimas setessilábicas, observamos também o amálgama dos ciclos temáticos citados acima. Entretanto, o contexto é outro, já não se trata apenas de uma narrativa do tipo exemplar, pois, nessa escritura, é trazido à tona um dos episódios mais controvertidos da vida missionária do Frade franciscano, a proibição por parte do Bispo do Crato, D. Vicente Matos, da realização das Santas Missões no estado do Ceará. Seguindo o mote levantado por Manoel Caboclo, Abraão Batista, no folheto de oito páginas e trinta e sete sextilhas setessilábicas, intitulado "Proibição do Bispo do Crato contra Frei Damião e o Porquê (05/08/1983)", analisa a fundo esse embate de forças do catolicismo oficial com o catolicismo popular:

> Eu só sei que em Juazeiro
> reina uma indignação
> contra as ordens do Bispo
> que quer negar o clarão
> que ilumina a pobreza
> do nosso imenso sertão.
>
> Um, na rua diz: oxente!
> que medida mais sem graça!
> outro grita quase em choro
> querendo fazer arruaça:
> não engulo tal desaforo,
> isso é uma desgraça!
>
> As velhinhas tremem e choram
> pensando nunca mais ver
> o evangelizador querido

que o tempo há de escrever
sobre sua bondade santa
que a terra não vai comer.

Eu encontrei gente, também,
que é a favor dessa ação
mas, entre toda a pobreza
não arranjei um só cristão
que não estivesse do lado
do Padre Frei Damião.

Nas estrofes acima se pode observar a preocupação do poeta em descrever – pois ele enquanto devoto também sente – a perplexidade e indignação da população pobre, causada pela proibição imposta ao frade franciscano de rezar missa nas trinta paróquias da diocese do Crato, pelo Bispo Vicente Matos. O poeta, como bom católico, avisa que não é contra o Bispo e para construir sua poesia crítica, sem parecer contrário ao catolicismo oficial, apela para o "direito" do pobre que está sendo aviltado pela força institucional da Igreja Católica, que impede a pregação daquele que traz "luz", que "ilumina a pobreza", colocando o problema da proibição – de maneira bastante ousada para um fiel – como um desafio entre "luz" e "trevas", par de opostos de destacada permanência na literatura universal.

Para o poeta – e para a grande maioria dos devotos – a atitude do bispo só pode ser fruto de inveja, desconhecimento da história, ignorância ou ingratidão, pois nada justificaria tal ato, além disso, o veto do bispo abriu o precedente para que mais cinco bispos também aderissem ao repúdio às santas missões do frade capuchinho. O poeta, ainda sem acreditar na possibilidade de tal acontecimento, resolve investigar pessoalmente o imbróglio – o que manifesta o caráter de preocupação com a verdade tão cara à poesia de cordel – e desse modo, dirige-se à cidade do Crato e não encontrando o bispo, fala com o advogado da Sé, o Sr. Emilio Lemos, de quem ouve os motivos reais da medida clerical:

> Frei Damião, não pode mais
> rezar na nossa igreja...
> isso é desconhecer história
> é ignorância ou inveja
> é não ver que contra fatos
> não há quem vença a peleja.
>
> Além do bispo do Crato
> tem mais cinco no Nordeste
> que não querem frei Damião
> e o repudiam como a peste
> aconselhando aos vigários
> que não o aceitem no agreste.
>
> Com esses conhecimentos
> eu fui ao Crato saber
> pessoalmente do bispo
> para eu mesmo escrever
> se a história é verdade
> para eu contar e pra crer.

Mas, no Crato infelizmente
o Sr. Bispo não encontrei
e com o seu advogado
ali mesmo conversei;
com Dr. Emilio Lemos
eu ouvi e anotei.

Do Doutor e doutro amigo
eu ouvi a explicação
do porquê da portaria
que causou a indignação
do povo do Juazeiro
e do povo do meu sertão.

Eles disseram que o povo
estava muito fanático
e o Concilio do Vaticano
nesse assunto, é prático
o comportamento do povo
estava atrás do lunático.

Eu ouvi, disse o doutor
grelando os olhos pra mim:
uma velha dizia pra outra
uma frase como essa assim –
"Só agora eu pude ver
que ele não é meu Padrim".

Por que? Disse o doutor

com muita admiração

- Não é meu Padrim porque

porque ele pisa no chão...

meu Padrim não pisava!

... foi a sua conclusão.

E me disseram também

que o povo é ignorante

está fazendo fanatismo

do mais forte e galopante

por isso que o Sr. Bispo

fez esse ato escaldante.

Ciente dos motivos que levaram o bispo a tomar a medida proibitiva – o fanatismo exagerado do povo – resta ao poeta versejar sobre o tema do fanatismo, defendendo sua posição favorável à liberdade de pregação e permanência do frade nas dioceses do Crato. Para isto, Batista vai fundo em sua análise do significado do termo "fanatismo", estabelecendo paralelos com o que acontece na esfera da música (Roberto Carlos e os Beatles), dos esportes (a paixão do brasileiro pelo futebol) e de outras religiões (afrobrasileiras), defendendo inclusive o direito de ser fanático. Como conclusão, manda um recado para o bispo, chamando-o à compreensão do comportamento e da natureza humana – até os animais irracionais quando tratados com amor "tornam-se fanáticos da gente" – e a não tentar "corrigir um erro", já cometido no passado, com outro, pois tal portaria poderia ter um efeito contrário ao pretendido, como realmente teve, porque ninguém pode proibir "a liberdade e o amor":

> Todo fã é um fanático
> pobre, rico ou cabeludo
> quem é fã adora o ídolo
> e por ele faz quase tudo
> tem o fã adolescente,
> criança, velho e sisudo
>
> .
>
> Roberto Carlos, tem suas fãs
> que por ele se desmaiam
> pelos Bitles [Beatles] da Inglaterra
> as mocinhas se "escangaiam"
> e os fanáticos do futebol
> aplaudem e depois vaiam.
>
> Quando os Bitles apareceram
> em Washington, a capital
> pisando numa grama verde
> umas moças... e não faz mal
> comeram o capim que eles
> pisaram no festival.
>
> Isso é fã e fanatismo
> se não é me diga agora
> por que só rico tem o direito
> de ser fanático, aí fora?

por que o pobre não pode ser
fã de quem somente ora?!

Iemanjá anda nas ruas...
nas rádios fazem programação
macumbeiros e espiritistas
enganando a fé do cristão
e por que não podem ouvir
a voz do nosso Frei Damião?

Esse erro de portaria
se cometeu no passado
quando expulsaram daqui
o Padre Cícero amado
e hoje, repetem o mesmo
com o frade idolatrado!

Gato, cachorro, os bichinhos
quando se tratam de amor
tornam-se fanáticos da gente
e vão para onde a gente for
e o que diremos da criatura
que é enviado do Senhor?

É preciso se compreender
o comportamento humano
frágil, tolo e ingênuo

e muitas vezes, profano
mas, não se corrige um erro
com outro erro sem pano!

Essa portaria só serviu
para aumentar mais o calor
que o povo tem pelo frade,
e seja lá como for
ninguém proíbe a liberdade
a pura Ideia e o amor!

Como já assinalamos acima, para ser considerado santo por uma comunidade de fiéis, na versão popular do catolicismo, não há necessidade da aprovação da igreja oficial, e muito menos ter que realizar atos milagrosos. Basta que o sujeito apresente um comportamento que revele santidade em cada ação desenvolvida no seio de sua comunidade.

Frei Damião é um desses casos. Antes mesmo que milagres fossem atribuídos à sua intermediação ele já havia sido canonizado pela massa de devotos. Em um primeiro momento como sucessor do Pe. Cícero e, posteriormente, em seu próprio nome. Só em Alagoas existem dois santuários dedicados à sua devoção: na cidade de Canafístula, agora chamada de Canafístula de Frei Damião, um pequeno povoado no agreste alagoano, próximo a Palmeira dos Índios e na Vila de São Francisco, um vilarejo de poucas casas, encravado entre as serras que dividem os municípios de Paulo Jacinto e Quebrangulo. Nessas duas localidades – centros de peregrinação e romaria – o padrinho frei Damião recebe a gratidão de seu rebanho espiritual (sob a forma de ex-votos) pelas graças alcançadas. Tal como acontece em Juazeiro do Norte, com o "Padrim", seu culto é também utilizado pela igreja Católica Romana, em associação aos cultos oficiais do catolicismo, no caso, a devoção a São Francisco de Assis, fundador da ordem à qual o frade pertence.

Encerramos esse capítulo com alguns versos do folheto (oito páginas e trinta sextilhas setessilábicas), composto pelo poeta Gonçalo Ferreira da Silva, escrito logo após o falecimento do frade em junho de 1997, intitulado "Frei Damião: o último santo do sertão". Nessa obra, o poeta acentua a santidade como valor fundamental que caracteriza a vida do monge franciscano. Em sua concepção ele é o último de uma série: começando com Antônio Conselheiro; tem sua fase áurea com o Pe. Cícero; e termina com frei Damião:

> Com a entrada do Frei
> Damião na eternidade
> os nordestinos, dotados
> de grande sinceridade
> vivem o vazio de quem
> se sente na orfandade.
>
> Pois depois de Conselheiro
> tivemos outro pastor
> padre Cícero que pregou
> fraternidade e amor
> mas para Frei Damião
> não existe sucessor.

Frei Damião de Bozzano
(perdão pelo desatino)
São Damião Brasileiro
São Damião Nordestino
a quem milhões de devotos
entregarão seu destino.

Sua canonização
já é um clamor humano
e o Brasil, país católico
apostólico, Romano
haverá de convencer
o austero Vaticano.

Sua santidade, o Papa
precisa compreender
que a canonização
é celestial dever
para um homem que foi santo
muito antes de morrer.

Entre os deuses que reinaram
no legendário sertão
estão em primeiro plano
o padre Cícero Romão
o legendário Conselheiro

e o nosso frei Damião.

Por isso Frei Damião
com Sé ou sem santa Sé
é um santo nordestino
pois há muito tempo é
um santo nos corações
dos nordestinos de fé.

Por se tratar de fenômeno recente na hagiografia popular, o
caráter de taumaturgo do frade ítalo-brasileiro foi ainda pouco ex-
plorado pela poesia de cordel, que tem produzido mais obras a respeito dos episódios lendários de sua vida e de suas pregações; entretanto, acreditamos que muito há de se escrever sobre milagres e
grandes feitos desse andarilho dos sertões nordestino até sua canonização pela igreja oficial.

CONSIDERAÇÕES FINAIS

> Agora caros amigos/ Meu livro vou terminar/ Quem achar que está faltoso/ A mim queira desculpar/ Porque só Deus faz as coisas/ Sem nada mesmo faltar. Minelvino Francisco da Silva

Concluir um trabalho acadêmico não é encerrar o debate sobre as questões levantadas e discutidas ao longo do texto. Concluir é, antes de qualquer coisa, constatar que se criou um espaço para que as incertezas do percurso possam ser aprofundadas pelos novos olhares que se debruçarão sobre um caminho que foi aberto. Talvez seja algo semelhante à trajetória mítica de Moisés, que após quarenta anos, guiando o povo em sua travessia pelo deserto, rumo à Terra Prometida, só pôde vislumbrá-la ao longe, do alto de uma colina.

Quando iniciamos nossa pesquisa, propusemos duas questões que julgamos de grande importância para a compreensão da poesia de cordel no ciclo temático escolhido: 1) O ciclo místico-religioso – temática sempre presente nos folhetos de cordel – poderia ser explicado, como fenômeno recorrente, a partir de elementos de natureza psicossociais (como imposição do contexto na construção textual), que fazem com que este tema apareça na Literatura de Cordel desde seu início e permaneça ainda hoje, como um dos mais importantes ciclos temáticos dessa poesia? 2) Como se desenvolve o processo de autonomia/criatividade em um contexto sociocultural impositivo e normativo em níveis de construção textual e formal? Cremos que, ao longo do trabalho, essas duas questões foram respondidas.

O contexto psicológico, social e cultural, fruto de um processo de hibridização, marcado desde sempre por uma forte religiosidade tridentina e ultramontanista, observável até hoje, impôs-se também nas formas de manifestação artística. Desse modo, tanto os efeitos do catolicismo tradicional, em sua junção ao catolicismo popular, quanto os efeitos da economia, da política, da geografia, enfim, do universo imediato do Nordeste, são motes preferenciais da poesia popular, que possui uma identificação visível com um povo e um espaço. A autonomia e a criatividade artísticas manifestam-se naquilo que o poeta faz com a tradição, mesmo seguindo padrões formais já consagrados – a sextilha, a métrica, a apresentação gráfica – na construção textual, ele pode subverter a ordem estabelecida, e brincar com as palavras, os ritmos, as crenças, os mitos e até com a natureza.

Ao concluir essa análise da permanência do ciclo místico-religioso na Literatura de Cordel, em níveis de construção textual, recordamos alguns fatos pitorescos na nossa relação com a poesia de cordel: a intensa atividade dos poetas de cordel na feira de Caruaru em fins da década de 1960 e começo da década de 1970 declamando os romances, histórias de heróis, santos e diabos, encantando o público adulto e causando espanto na meninada; e os desafios verbais (pelejas) entre Repentistas (poetas violeiros), que provocavam pequenas aglomerações nos locais onde se apresentavam. Esse contato quase diário com a poesia de cordel nos levou a perceber a sua importância como arte, meio de comunicação e registro histórico, pois muito daquilo que se originou na tradição oral poderia ter sido perdido, não fosse a Literatura de Cordel, não fosse a insistência desses menestréis em cantar o seu lugar e sua gente.

Porém, uma lição que podemos tirar desse efeito cativante da poesia de cordel em seu público leitor-ouvinte é sua inextrincável ligação com a história, a cultura e o psiquismo de nosso povo e de nosso lugar. O que pudemos constatar, em nossa investigação sobre a Literatura de Cordel, a partir do ciclo temático escolhido, foi sua força aglutinadora, no tocante às manifestações da cultura que lhe serviram, e ainda servem de núcleo criativo. Seja no campo político, jornalístico, moral ou místico-religioso, a poesia de cordel opera dentro de um contexto em que a cultura é privilegiada como objeto da escritura. A narrativa do cordel está inexoravelmente atrelada a esse vivido próprio de uma região e de um povo, que transforma seu semelhante em herói – como nas poesias sobre os cangaceiros – e coloca seu universo místico, religioso, social e ideológico como mote dessa literatura, que mistura sonho e realidade em uma perspectiva sociocultural. Essa particularidade parece justificar a sobrevivência da Literatura de Cordel em face das novas formas de comunicação e arte popular, desenvolvida ao longo do tempo, pois a poesia popular narrativa se impôs e completou mais de cem anos de existência, com direito a festa nos mais diversos centros culturais do país.

Para alcançar os objetivos propostos, contribuir de alguma forma com um novo olhar sobre a Literatura de Cordel, a partir de uma hermenêutica que visa esclarecer a permanência do ciclo místico-religioso na Literatura de Cordel, concluímos que a utilização de uma abordagem, que funde uma análise sociocultural aliada à psicologia, no exame da poesia de cordel, foi de grande eficácia, por destacar uma linguagem subjacente ao texto da poesia, em que se fundem o individual e o coletivo, e em que se revela a alma de uma região, representada retoricamente pela poesia de cordel. A utilização de um enfoque psicossocial – que ressalta a dinâmica psíquica em interação com os fenômenos sociais – para o conhecimento das manifestações da cultura presentes no Cordel, mostrou-se capaz de fornecer elementos para outra leitura da poesia de cordel, reconhecendo sua importância, não apenas como criação artística, mas também como instrumento catártico, que possibilita a expressão do mundo interno do sujeito, em estreita sintonia com o mundo externo. Por conta de sua imensa diversidade temática, a Literatura de Cordel pode abordar um amplo universo da vida do Sertão e Agreste nordestino e descrever, em suas poesias, uma forma de ser no mundo, característica dos homens e mulheres dessa região.

Nas poesias dedicadas ao cangaço, aos heróis dos romances de cavalaria, às crianças órfãs e às peripécias do diabo – sempre em consonância com o ciclo místico-religioso – podemos observar a atuação dos mecanismos psicológicos trabalhando ao lado das manifestações da cultura. O cangaceiro, o herói medieval, a criança órfã e o diabo – arquétipos no jargão junguiano – são, ao mesmo tempo, condensação e deslocamento de fantasias primitivas do povo sertanejo e agrestino. Em cada verso, o universo mítico e místico surge, desnudando o imaginário dos homens e mulheres de uma região, em que cada estrofe traz a marca de uma psicodinâmica individual e coletiva, sonhos da vida de vigília que permitem uma profunda vivência afetiva, misto de identificação, idealização e sublimação, cujos principais mecanismos psíquicos são o deslocamento e a condensação.

Hoje, é com grande prazer que vemos o sucesso, na grande mídia, de textos oriundos da Literatura de Cordel servindo de inspiração para grandes produções no teatro, no cinema e na televisão, sem esquecer a música, em que muitos compositores foram buscar no cordel o mote para suas composições ou até mesmo musicando poemas. O teatro Armorial, as poesias de Klevison e Arievaldo que viraram especiais para TV, poesias tradicionais que foram adaptadas para o cinema – "Lisbela e o prisioneiro" e "O homem que desafiou o diabo" para citar só dois casos – a música de Alceu Valença, Zé Ramalho, Ednardo, Fagner, Mestre Ambrósio etc, são prova inconteste de que essa escritura, por tanto tempo tida como exótica ou subalterna, pelos meios acadêmicos, inscreve-se como uma importante forma de manifestação artística, que permanece viva, presente e forte, apesar de tudo, e em sintonia com os avanços tecnológicos, tanto para a produção dos folhetos (tudo computadorizado), quanto para a utilização de outros tipos de mídia, como a internet, o CD e o DVD.

Deus, Jesus Cristo, Maria e todas as representações que aludem ao seu nome; São Jorge, São João Batista, São Daniel, São Francisco de Assis, São Frei Galvão, Santo Antonio Conselheiro, Santa Beata Maria Araújo, Santo Padrinho Padre Cícero Romão Batista e Santo Frei Damião de Bozanno. São ícones da oralidade e religiosidade popular do sagrado, permanências da poesia de cordel, que se aliam aos antagonistas, diabos, bruxas e macumbeiras, para compor o universo mágico e místico-religioso que desenham o campo comum das vivências sacras da religiosidade popular.

Ao abordarmos a permanência do ciclo místico-religioso na Literatura de Cordel, em níveis de construção textual, podemos afirmar que o texto, inexoravelmente imbricado no contexto, continua tão presente e atuante hoje como fora antigamente, e não apenas no ciclo temático abordado, pois a Literatura de Cordel é muito maior que ciclos temáticos. É, como dizia Manoel Caboclo, poesia feita com as cordas do coração, simbolizando vida, sentimento, pulsação. E se o coração para de bater, como parou o de Moisés nas fronteiras de Canaã, haverá sempre um Josué e um Calebe a guiar o povo, rumo à Terra Prometida.

REFERÊNCIAS BIBLIOGRÁFICAS

ABREU, Márcia. *Histórias de cordéis e folhetos*. Campinas: Mercado de Letras/ALB, 2001.

ALENCAR, José de. *O nosso cancioneiro*. Rio de Janeiro: Liv. São José, 1962.

ALMEIDA, Horácio de. "Introdução à obra de Leandro Gomes de Barros". In: *Literatura popular em verso*. Rio de Janeiro: Fundação Casa de Rui Barbosa.

ALVES, Rubem. *O que é religião*. 7. ed. São Paulo: Abril Cultural/Brasiliense, 1984.

ANDRADE, Mário de. O romanceiro de Lampião. In: *O baile das quatro artes*. São Paulo. Martins/MEC, 1963.

AYALA, Marcos; AYALA, Maria Ignez Novais. *Cultura popular no Brasil*: perspectiva de análise. 2. ed. São Paulo: Ática, 1995. (Serie Princípios).

BARROS, Leandro Gomes de. *Literatura popular em verso*. Rio de Janeiro: Fundação Casa de Rui Barbosa, 1976-1980. 3v. il. (Col. De textos da língua portuguesa, v.4)

BATISTA, Francisco das Chagas. *Cantadores e poetas populares*. 2. ed. João Pessoa: Editora Universitária, 1997.

BATISTA, Sebastião Nunes. *Poética popular do Nordeste*. Rio de Janeiro: Fundação Casa de Rui Barbosa, 1982.

BENJAMIN, Roberto. *Folkcomunicação no contexto de massa*. João Pessoa: Editora Universitária, 2000.

BENJAMIN, Roberto. *Breve notícia dos antecedentes franceses e ingleses da literatura de cordel nordestina*. Tempo Universitário, Natal, v. 6, n.1, 171-188, 1980.

BÍBLIA de estudo Almeida. Traduzida em português por João Ferreira de Almeida. Barueri: Sociedade Bíblica do Brasil, 1999.

BÍBLIA de Jerusalém. São Paulo: Paulus, 1985.

CANDIDO, Antonio. *Literatura e sociedade*. São Paulo, Vozes, 1989.

CARVALHO, Gilmar de. *Madeira matriz*: cultura e memória. São Paulo: Annablume, 1998.

CASCUDO, Câmara. *Vaqueiros e cantadores*. Porto Alegre: Globo, 1939.

CASCUDO, Câmara. *Literatura oral no Brasil*. 3. ed. Belo Horizonte: Editora Itatiaia: 1984.

CASCUDO, Câmara *Cinco livros do povo*. 3. ed. João Pessoa: Editora Universitária 1994.

DIEGUES JÚNIOR, Manuel. O Folclorista Sílvio Romero. In: ROMERO, S. *Estudos sobre a poesia popular do Brasil*. 2. ed. Petrópolis: Vozes, 1977.

ESPIRITO SANTO, Moisés. *A religião portuguesa*. 2. ed. Lisboa: Assírio & Alvim, 1990.

FERNANDES, Rubem César. *Romarias da Paixão*. Rio de Janeiro: Rocco, 1994.

FERREIRA, Jerusa Pires. *Cavalaria em Cordel*: O passo das águas mortas. São Paulo: Hucitec, 1979.

FREYRE, Gilberto. "Nota Prévia". In: LOPES, R. (Org.). *Literatura de cordel*: antologia. 3. ed. BNB: Fortaleza: 1994.

FREUD, Sigmund. Uma neurose demoníaca do séc. XVII. In: *Edição standard brasileira das obras psicológicas completas de Sigmund Freud*. Rio de Janeiro: Imago, 1976.

FUNDAÇÃO CASA DE RUI BARBOSA. *Literatura popular em verso*. Tomo II. Rio de Janeiro.

JUNG, Carl Gustav. *Interpretação psicológica do dogma da Trindade*. Trad. Dom Mateus Ramalho Rocha. Petrópolis: Vozes, 1979.

LAMPIÃO, Virgulino Ferreira da Silva. Entrevista com Lampião, mar. 1926. Entrevistador: Otacílio Macedo. *Jornal "O Ceará"*, 17-18 mar. 1926. <http://lord85.multiply.com/journal/item/112/112>. Acesso em: dez 2007.

LIMA, Antonio C.F. *O Imaginário social na literatura de cor*del: *uma abordagem psicológica e sociocultural da poesia de Leandro Gomes de Barros*. 2002. Dissertação (Mestrado em Literatura Brasileira)- Faculdade de Letras, Universidade Federal de Alagoas, Maceió, 2002.

LOURENÇO FILHO, M. B. *Juazeiro do Padre Cícero*. 4. ed. Brasília: Inep-MEC, 2002.

LIMA, Egídio de Oliveira. *Folhetos de cordel*. João Pessoa: Editora Universitária, 1978.

LINHARES, Francisco; BATISTA, Otacílio. Gêneros de poesia popular. *Jornal da Poesia*. <http://www.secrel.com.br/poesia>. Acesso em: 4 jun. 2000.

LUYTEN, Joseph M. *O que é literatura de cordel*. São Paulo: Brasiliense, 2005.

MAGALHÃES, Celso de. *A poesia popular brasileira*. Rio de Janeiro. Divisão de Publicações, 1973.

MELO, Veríssimo de. *"Literatura de Cordel: Visão histórica e aspectos principais"*. In: LOPES, Ribamar (Org.). *Literatura de Cordel*: antologia. 2. ed. rev. Fortaleza: BNB, 1983.

MENEZES, Eduardo Diatahy B. *Das classificações temáticas da literatura de cordel: uma querela inútil. Jornal da Poesia*. Disponível em: <http://www.secrel.com.br/poesia>. Acesso em: 12 jan. 2000.

MOTA, Leonardo. *Violeiros do Norte*. Fortaleza: Imprensa Universitária do Ceará, 1962.

NUNES, Pedro. *As relações estéticas no cinema eletrônico*. João Pessoa: EDUFPB, 1996.

PAGAN, Maria do Carmo. *Maria de Araújo, a beata de Juazeiro*. São Paulo: Paulinas, 1991.

PROENÇA, Manoel Cavalcanti. *Literatura popular em verso*: antologia, estudos catálogos (III). Belo Horizonte: Itatiaia; São Paulo: EDUSP, Rio de Janeiro: Fundação Casa de Rui Barbosa, 1986.

REIS, Zenir Campos. Ciência e paciência: O Mestre Oswaldo Xidieh. *Revista Estudos Avançados*, v. 9, n. 23, 1995.

ROMERO, Sílvio. *Estudos sobre a poesia popular do Brasil*. 2. ed. Petrópolis: Vozes, 1977.

SILVA, Cícero Wilson da. *Poesia sobre Padre Cícero*. Juazeiro do Norte: Lira Nordestina, 2005.

SLATER, Candace. *A vida no barbante*: a literatura de cordel no Brasil. Trad. Octave Alves Velho. Rio de Janeiro: Civilização Brasileira, 1984.

SOUSA, Manoel Matusalém de. *Cordel, fé e viola*. Petrópolis: Vozes, 1982.

TERRA, Ruth B. Lemos. *Memória de lutas*: literatura de folhetos do nordeste (1893 a 1930). São Paulo: Global, 1983.

TERRA, Ruth B. *O lugar do poeta*. Editor João Martins de Athayde. Recife, Fundação Joaquim Nabuco - Centro de Estudos Folclóricos, 1986. (Folclore, v. 169/170).

WALKER, Daniel. *Curiosidades sobre Pe. Cícero*. Juazeiro do Norte: Os Juazeiros Editora, 2004.

WALKER, Daniel. *Biografia do Padre Cícero*. Juazeiro do Norte: Os Juazeiros Editora, 2004.

ZUMTHOR, Paul. *Introdução à poesia oral*. Tradução de Jerusa Pires Ferreira, Maria Lúcia Diniz Pochat e Maria Inês de Almeida. São Paulo: Hucitec, 1997.

BARROS, Leandro Gomes de. *A alma de uma sogra*. In: *Literatura popular em verso*. Fundação Casa De Rui Barbosa: Rio de Janeiro.

__________. *Suspiro de um sertanejo*. São Paulo: Ed. Luzeiro,

__________. *A Órfã*. In: *Literatura popular em verso*. Fundação Casa De Rui Barbosa: Rio de Janeiro.

__________. *Peleja de Manoel Riachão com o Diabo*. In: *Literatura popular em verso*. Fundação Casa De Rui Barbosa: Rio de Janeiro.

BATISTA, Abraão. *A macumbeira que foi fazer um despacho e despachou-se*. 1990.

__________. *Padre Cícero o cearense do século*.

__________. *História do beato José Lourenço e o Boi Mansinho*.

__________. *Proibição do Bispo do Crato contra Frei Damião e o porquê*.

BORGES, José Francisco. *A fundação da igreja e o papa do diabo*.

__________. *A moça que virou jumenta porque falou de Top Less com Frei Damião*.

CALDAS, João Bandeira. *A queimação dos panos ensanguentados da hóstia e depoimento do Pe. Antonio Vieira*.

CAVALCANTE, Rodolfo Coelho. *Frei Damião: o missionário do nordeste*. 1976.

MONTEIRO, Manoel. *A vida do Padre Cícero: político ou padre? cangaceiro ou santo?*

MOREIRA JÚNIOR, Manoel. *Lampião e Padre Cícero num debate inteligente.*

PAULINO, Sebastião; RINARÉ, Rouxinol. *O profeta Daniel e o sonho que o rei esqueceu.* 2004.

SILVA, Antonio Ferreira da. *A Profecia Sagrada do Frade Frei Damião.*

SILVA, Cícero Wilson da. *Poesia sobre Padre Cícero.* Juazeiro do Norte. Lira Nordestina, 2005.

SILVA, Gonçalo Ferreira da. *São Jorge: o santo guerreiro nascimento, vida e morte.*

________. *Frei Damião: o último santo do sertão.*

SILVA, José Pereira. *Passados do meu Padrinho: beata Maria de Araújo.*

SILVA, Manoel Caboclo. *O homem que deu a luz ao Diabo, no dia que Frei Damião foi suspenso de pregar no Ceará.* 1975.

SILVA, Olegário Fernandes. *Conselhos e sermão de Frei Damião.*

SOBRINHO, José Saldanha Menezes. *Nascimento, vida e morte do Frade Frei Damião.* 1997.

SUMÁRIO

www.ingramcontent.com/pod-product-compliance
Lightning Source LLC
Chambersburg PA
CBHW031126250726
48655CB00002B/532